U0905333

中国学生综合素质教育必读书

梦想执着

策划／孟凡丽

主编／袁 毅

Wuhan University Press
武汉大学出版社

心中的绿洲

宋思敏

一谈起今天的中国学生，大家说来说去，总离不开中国学生的素质问题：他们聪明，但做事吃不了苦；他们学识很广，却不知如何与人交往；他们珍爱动物，却对父母很冷漠；他们的生活标准很高，心理承受能力却很低……

不管是作为一名家长，还是作为一名教育工作者，我想每一个人都对这种情况忧心忡忡：怎么样才能让孩子的心不再荒芜，也不再杂草丛生？怎么样才能让他们撑起未来的这片天，在这个竞争激烈的社会上立足并取得成功？我想在这套“中国学生综合素质教育必读书”里，我找到了答案。

这个系列的10本书精选数百篇美文，这些美文涵盖了中小学生素质教育的20个重要方面：自信、责任、感恩、坚强、宽容、独立、创新、诚信……它们就如20粒饱满优良的种子，植入读者们的心田，在阅读中，这些种子就会慢慢发芽，成为一棵棵挺拔的树，在读者们的心中建起一片绿洲，从此不再荒芜！

审定序

阅读心灵，素质成长

陈林

关于素质教育的重要性，相信每个人都毋庸置疑。高素质的人更容易受到大家欢迎，高素质的人更适应这个社会的发展，高素质的人更容易取得成功。

高素质从何而来？通过老师教导，通过家长督促，通过自身行动……这些通过阅读都可以办到。这套“中国学生综合素质教育必读书”紧跟国家对中小学素质教育精神和要求，涵盖了中小学生最重要、最关键、最欠缺的20种素质，融合美文阅读+素质活动+督导评估的全新形式。美文如心灵鸡汤般触动中小学生的内心，引导他们主动思考改变；素质训练营中的活动设计使学生将素质教育落到实处，而不是让其成为一句口号；督导评估体系则建立学校、家庭、学生三位一体的素质教育网络。

相信这套书能够切实可行地提升学生素质，促进学生素质和能力全面主动和谐发展。

1 梦想篇

2 执着篇

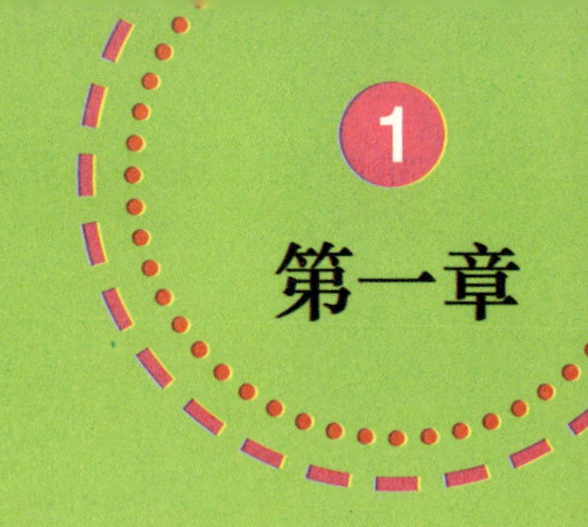

第一章

梦想篇

比尔·盖茨与他的梦想

所有人都应该有梦想，即使他是比尔·盖茨。

比尔·盖茨出生于律师和教师之家，这个家庭的大人非常注意小盖茨的智力开发和培养。

盖茨三四岁时，母亲外出总是把盖茨带在身边，当她在学校里向学生讲解西亚图的历史和博物馆的情况时，盖茨总是坐在全班最前面。尽管盖茨是个好动的孩子，但在教室里他表现得比其他学生还要专注、认真。

盖茨从小酷爱读书，尽管他是个儿童，但他喜爱读成人的书。在自己家里，他可以随意翻阅父母的藏书。

他7岁的时候，最喜欢读的书是《世界百科全书》，他经常连续几个小时地阅读这本大全，一字一词地从头读到尾。盖茨的父母还尽可能提供他各种学习机会。当他逐渐长大时，父母鼓励他参加童子军的野营活动，小盖茨从与其他孩子的相处中得到了珍贵的友情。

自从盖茨进入湖滨中学小计算机房的那一天起，计算机对他就产生了一种无法抗拒的魅力。15岁时，他就为信息公司编写过异常复杂的工资程序。

1973年春，他收到了哈佛大学的录取通知书。在哈佛大学里，盖茨的潜质更是一发不可收拾。他经常在计算机房通宵达旦地工作，有好几次，盖茨告诉父母，他想从哈佛退学与他人一道干计算机事业。但父母极力反对儿子开公司，尤其是毕业以前。父母还请了受人尊敬、白手起家的一个名叫斯托姆的著名企业家来说服盖茨，打消开公司的念头。可是斯托姆不但没有劝阻他，反而倾听了这位十几岁孩子的演说后，鼓励盖茨好好干，支持他开公司。

1977年盖茨正式退学。他不是厌倦哈佛，而是希望另有远大前程。从此比尔·盖茨朝着自己的梦想一步步努力，终于走向了成功。

（文/佚名）

梦想之花

在很多人眼中，比尔·盖茨为了自己的计算机理想放弃哈佛的学业，这是一件很荒唐的事。但是斯托姆却认为他有这样的梦想就应该让他去为之努力，比尔·盖茨的成功并不是一个偶然，而是一个为梦想不惜一切奋斗的榜样。也许你的梦想并不远大，也许你的梦想注定不会实现，但是每一个人的梦想都值得去尊重。

先喝一杯冰水

一杯冰水可以让你更加清醒，知道自己的梦想是什么。

他事业有成，早年开了一家公司，经过几十年的拼搏，公司越来越大，生意也越做越顺。可是，生意做大了，他的生活却越来越糟了，吃饭没胃口，聚会没心情，旅游没劲头，赚钱没意思……一句话，他变得似乎对什么都不感兴趣了。

一次，几个朋友聚会。他做东，点了十几道大菜，他招呼我们随便吃，自己却很少动筷子。一位朋友见状，为他要了一杯冰水。朋友说，我认识一位大厨，做一手好菜。每次下厨前，必须先准备好一杯冰水，做好一道大菜，就先喝一口冰水，然后再尝尝菜的味道，你也试试吧。

他狐疑地喝了一口冰水，然后，搛了一口菜，啧啧，咽了下去。朋友问他，味道怎么样？他说，今天的菜味道还不错。朋友笑了笑。那顿饭，他每喝几口酒，吃了口菜，就呷一小口冰水，津津有味的样子。

饭后，朋友邀请我们去喝咖啡。服务生照例为我们每人先倒了一杯冰水。我去咖啡厅喝过几次咖啡，却一直不明白这杯冰水是做什么用的。朋友告诉我们，喝咖啡前，一定要先喝一口冰水，这样，才能充分调动舌尖上的味蕾，使咖啡的味道鲜明地浮现出来。

原来如此。我们每人都先喝了一大口冰水，再饮咖啡。那晚喝的咖啡，感觉特别纯正，苦中含香，香中有甜，甜而不腻，馥郁醇厚，让人回味无穷。

朋友对他说，吃菜、饮酒、喝咖啡前，先喝一口冰水，目的在于清理味觉，使味蕾受到刺激完全释放出来，这样才能更加真切地感受到食物的美味。

（文/佚名）

梦想之花

他现在事业做得很大，可以说功成名就，为什么反而感受不到成功的快乐？就是因为他没有了梦想，对成功和幸福的感觉变得麻木了。这时候，也许一杯冰水，就可以帮助他刺激和恢复感知功能，重新找到人生的方向。

追求梦想

你的梦想有多高，你就要飞多远。

1858年，瑞典的一个富豪人家生下了一个女儿。然而不久，孩子罹患了一种无法解释的瘫痪症，丧失了走路的能力。

一次，女孩和家人一起乘船旅行。船长的太太给孩子讲，船长有一只天堂鸟。她被这只鸟的描述迷住了，极想亲自看一看。于是保姆把孩子留在甲板上，自己去找船长。孩子耐不住性子继续等待，她要求船上的服务生立即带她去看天堂鸟。那服务生并不知道她的腿不能走路，而只顾带着她一道去看那只美丽的小鸟。

奇迹发生了，孩子因为过度地渴望，竟忘我地拉住服务生的手，慢慢地走了起来。

从此，孩子的病便痊愈了。女孩子长大后，又忘我地投入到文学创作中，最后成为第一位荣获诺贝尔文学奖的女性，她就是茜尔玛·拉格萝芙。

当成功的茜尔玛·拉格萝芙回忆这段往事时，她告诉大家：心中的梦想很重要。

（文/佚名）

梦想之花

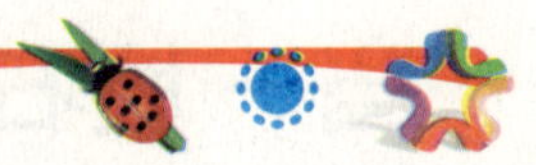

茜尔玛·拉格萝芙因为罹患重症而认为自己丧失走路的能力，但当她心中拥有了看鸟的梦想，奇迹发生了，她重新站了起来。

拥有了梦想，就有了创造奇迹的力量。不要把自己当做鼠，否则肯定被猫吃。忘我是走向成功的一条捷径，只有在这种环境中，人才会超越自身的束缚，释放出最大的能量。走向通往成功的道路上，其实梦想很重要。

当一块石头有了愿望

一块最寻常不过的石头，会带来什么样的奇迹呢？

一位名叫薛瓦勒的乡村邮差每天徒步奔走在乡村之间。有一天，他在崎岖的山路上被一块石头绊倒了。

他起身，拍拍身上的尘土，准备再走。可是他突然发现绊倒他的那块石头的样子十分奇异。他拾起那块石头，左看右看，便有些爱不释手了。

于是，他把那块石头放在了自己的邮包里。村子里的人看到他的邮包里除了信之外，还有一块沉重的石头，感到很奇怪。人们好意劝他："把它扔了，你每天要走那么多路，这可是个不小的负担。"

他却取出那块石头，炫耀着说："你们谁见过这样美丽的石头？"

人们都笑了，说："这样的石头山上到处都是，够你捡一辈子的。"

他回家后疲惫地睡在床上，突然产生了一个念头，如果用这样美丽的石头建造一座城堡那将会多么迷人。于是，他每天在送信的途中寻找石头，每天总是带回一块，不久，他便收集了一大堆奇形怪状的石头，但建造城堡还远远不够。

于是，他开始推着独轮车送信，只要发现他中意的石头都会往独轮车上装。

从此以后，他再也没有过上一天安乐的日子，白天他是一个邮差和一个运送石头的苦力，晚上他又是一个建筑师。他开始按照自己天马行空的思维来垒造完全属于自己的城堡。

对于他的行为，所有人都感到不可思议，认为他的精神出了问题。

二十多年的时间里，他不停地寻找石头，运输石头，堆积石头，在他的偏僻住处，出现许多错落有致的城堡，有清真寺式的，有印度神教式的，有基督教式的……当地人都知道有这样一个性格偏执沉默不语的邮差，在干一些如同小孩子筑沙堡的游戏。

1905年，法国一家报社的记者偶然发现了这群低矮的城堡，这里的风景和城堡的建筑格局令他叹为观止。他为此写了一篇介绍薛瓦勒的文章，文章刊出后，薛瓦勒迅速成为新闻人物。许多人都慕名前来参观城堡，连当时最有声望的毕加索也专程参观了薛瓦勒的建筑。

现在，这个城堡成为法国最著名的风景旅游点，它的名字就叫做“邮差薛瓦勒之理想宫”。

在城堡的石块上，薛瓦勒当年的许多刻痕还清晰可见，有一句就刻在入口处一块石头上："我想知道一块有了愿望的石头能走多远。"据说，这就是那块当年绊倒过薛瓦勒的石头。

（文/佚名）

梦想之花

当一块石头有了愿望，它就不再是石头，也不再静卧在泥土之中。如果让生命中的每一样东西都拥有愿望，我们的人生将会多么绚丽！现在就让我们拾起一块块有梦想的石头，早日搭建起属于我们自己的"理想宫"。

杯子与水

既然我们喝的是水，为何要在意使用的是什么杯子呢？

许多同学去拜会大学教授，起初大家相谈甚欢，然而说着说着，学生们的话题便转向了抱怨，他们抱怨生活的压力和功课的负荷。

这时，教授不动声色地从厨房里取出了许多个不同质地、不同形状的杯子，其中有陶质的、有瓷质的、有木质的、有玻璃的、也有塑胶的。教授让同学们自己取杯子倒水喝。不一会儿，杯子被取得七七八八后，托盘上只剩下一些粗陋的杯子。

教授这时微笑着说："你们瞧，所有细致、古朴、玲珑、美丽的杯子都被拿走了，剩下的，全是让人瞧不上眼的塑胶杯。现在，我想问的是:你们选杯子的目的是什么？"

学生们异口同声地说："喝水呀。"教授又问："既然是喝水，那为什么你们在意盛水的器皿呢，随手拿一个不就可以了吗？为什么还要刻意选好的、美的、精致的？"学生们被问得哑口无言。

这时，教授正色说道："主副不分而又什么都想一手抓的心态，正是造成压力的主因，你们喝的是水，执意要选美的杯子，甚至在选不上好的杯子时，心生怨意。你们真的忘记了自己最初的梦想是什么。”

（文/佚名）

梦想之花

其实我们的生活也一样，生活就是水，而名誉与地位，仅仅只是盛水的杯子罢了。如果我们把所有的注意力都放在杯子上，那么我们的梦想就在不知不觉中丢失了。

心理魔方

钻石测试你的个性

假如上帝要送你一颗钻石，你会选择什么形状的？

A. 圆形　　B. 方形

C. 心形

测试结果：

选A：你为人善良、随和，有责任感。

选B：生活有规律，有领导的潜质。

选C：富有想象力，是个浪漫的人。

魔术师的铁钉

梦想，就隐藏在苦难之中，所以我们都需要不断探索。

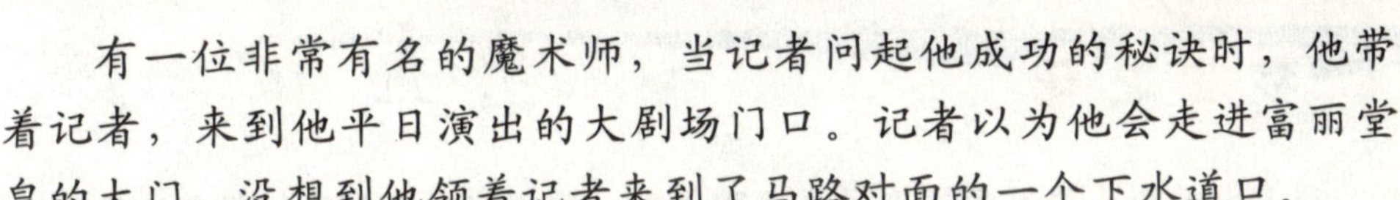

有一位非常有名的魔术师，当记者问起他成功的秘诀时，他带着记者，来到他平日演出的大剧场门口。记者以为他会走进富丽堂皇的大门，没想到他领着记者来到了马路对面的一个下水道口。

“你躺在这里，假设现在是在冬天的夜晚，而你饥寒交迫，试试你能看到些什么？”魔术师很和气地说。记者屈身躺在地上，他闻到了下水道发出的恶臭，他看到了香喷喷的饭店和华美的商场，还看到无数的人腿在向着剧场走动。另外，有一截突出的窗台就在头顶侧方悬着，如同丑陋的屋檐。魔术师说：“很好，你看得很全面。只是，在窗台的水泥上，请你看得再仔细一点。你还可以有所发现。”

在魔术师的一再提示下，记者看到了窗台的下方，有一行模糊的字迹。他拼命瞪大眼睛，才辨识出那是魔术师的名字。

魔术师说：“很多年前，我是一个乡下来的孩子。冬天，我蜷着身子躺在这里。你知道下水道口尽管恶臭，但比较暖和，从来不会结冰。我看到了满天的星斗，知道明天更冷。我看到了食品和衣物，但我身无分文。我还看到了无数的人到对面的剧场去看演出。我萌生了一个梦想，有一天，我也要到这座辉煌的剧场里去，不是去看演出，是让别人看我的演出。这样想了之后，我就从地上捡起一根铁钉，用冻僵的手指，把自己的名字刻在这个水泥窗台上。

你问我为什么会成功，就这么简单。我用一根生锈的铁钉，把我的梦想刻在这里，每当我没有信心的时候，我就来到这里。当我离开的时候，勇气就重新灌满了胸膛。”

离开的时候，记者对魔术师说：“能否让我看看您那神奇的铁钉？”魔术师说：“可以。”说完，他随手从地上捡起一根铁钉，说：“喏，就是它了。铁钉并不重要，重要的是亲手刻下你的梦想。”

（文/毕淑敏）

梦想之花

在下水道旁，魔术师找到了自己的梦想，并把这个梦想用铁钉刻在水泥台下，更把这个梦牢牢地刻进了自己的心里。有梦的路，魔术师一定走得坚定而充满力量。

所以，成功的第一步，必定是给自己设立一个远大的梦想。有梦想才有奋斗的方向。

另一扇梦想之门

杰克的世界很单调，但心中的色彩却打开了他梦想的另一扇门。

每年5月，是英国著名的圣劳伦斯美术学院的入学考试时间。来到这里的考生，每个人都怀揣着一个关于绘画的彩色梦想，而圣劳伦斯则是他们梦想得以实现的重要桥梁。

在画室里，作为考官的教授们从一端走到另一端，随时对这些孩子的作品打着分数。第一天素描考试结束，大部分教授在心里都有了人选，于是在第二天的色彩考试中，他们格外关注那些自己挑中的学生。油画系的威尔斯教授也是如此。但是当他经过自己中意的那个学生身边时，一些特别的颜料引起了他的注意。

那是不同于市面上出售的颜料，每个代表颜料颜色的包装都被拆掉，被人贴上了写有颜色名字的标签。更不可思议的是，在那个孩子半掩着的颜料箱里，有一张写得密密麻麻的小纸条。威尔斯仔细地盯着纸条，才看清楚上面的内容：苹果是红色的，梨子是明黄，绛紫的葡萄……威尔斯边纳闷，边抬头看着那个画画的孩子，这是他昨天发现最有潜力的学生，素描作品完成得非常出色。扎实的基本功，清晰整洁的构图，细腻的光影过渡……每一个细节都近乎完美。那孩子作画的时候，眼睛里还放射着光芒！然而今天，孩子手中的画笔却是颤抖的，表情凝重，眼神如死灰般黯淡，时不时还会紧张地吞着口水。完全判若两人！威尔斯在考生中来来回回数次，突然想明白了什么。威尔斯再次把目光投向了在画架后面咬着嘴唇，额头渗出汗珠的男孩。

几周后，圣劳伦斯美术学院的网站公布了新生录取名单。威尔斯忙碌了一天离开学校时，在校门口看到了一张熟悉的脸，一个瘦高的大男孩。他不停地向学校里面张望，眼神中是失落和无奈，却还有一丝渴望。

“嗨！小伙子！”威尔斯走过去跟他打招呼。男孩略显紧张：“嗨！”“叫我威尔斯，是这所学院的油画导师。”威尔斯向男孩伸出手。“我叫杰克，我，是个落榜生。”男孩说着低下了头。而威尔斯脑海中又浮现出几个礼拜前这个男孩紧张地流汗咬嘴唇的样子。“跟我来，小伙子。”不等男孩回答，威尔斯用他的大手揽住男孩的肩膀，像揽住自己的孩子一般。

杰克被威尔斯拉到一个小型车间似的地方。门被打开的一刹那，杰克突然怔住了，这里面简直就是个小型美术馆，到处是绘画

和雕塑作品，而且都是上乘之作。他呆呆地站在门口好一会儿，直到威尔斯叫了他两三次才应声走进去。

威尔斯笑了笑，扔给还在惊叹的杰克一套卡其布工装，两人穿戴整齐，威尔斯把杰克带进陈列间里面的一个工作间。没等杰克明白过来，威尔斯就递给他一个调色盘，指着一个画架，让杰克画地上放着的一组静物。面对眼前这一切，杰克猛然间乱了方寸，完全不知道该做些什么。

“说说你为什么喜欢画画？”这个问题算是给杰克解了围，于是杰克开始滔滔不绝起来。他谈论起举世闻名的绘画大师，谈论他们的绘画风格，出神入化的色彩运用……谈着谈着，他却越来越没了精神，他觉得自己就像是背书一样，背着那些从绘画典籍中看来的关于色彩的评说，还有那些美妙的变幻莫测的颜色。画笔和调色板从杰克手中滑落，他低着头，泪水一滴滴掉落下来。

威尔斯走到杰克身边，说：“知道吗，杰克，曾经，我最大的梦想并不是成为画家，而是站在篮球场上，做一名职业球员。”

“那为什么你没选择篮球？”杰克擦了擦泪水，问道。威尔斯

把脸转向杰克，接着，轻轻卷起左腿的裤管。杰克惊讶极了，威尔斯的左小腿竟然是假肢！

“每个人都有一个最初的梦想，但因为各种原因，有可能失去或者根本就不具备完成这个梦想的能力。不论如何，我们都要诚实面对，积极努力，即使不能完成最初的梦想，也会打开另一扇梦想之门。”说完，威尔斯拿一块手帕蒙住杰克的眼睛，把一个石膏像放到杰克手里。“色彩虽然千变万化，但不是绘画艺术的全部。除了鼻子上的眼睛，画家的双手也是另一双眼睛。为什么不试试用双手‘看’色彩？”

那天之后，威尔斯再也没有见过杰克。直到6年之后的一天，威尔斯在报纸上看到一则关于巴黎现代艺术作品展的报道，文中写着：“年轻的雕塑家曾经因为色盲症无法考取著名的美术学院，但在一名导师的启迪下，他用自己的双手代替无法辨别颜色的眼睛，在雕塑界一举成名。他非常感谢这位给了自己方向的导师，虽然他没有给他上过一堂绘画课，但是却为他的梦想之门打造了一把宝贵的钥匙……”

威尔斯的眼睛模糊了，他抬起头，在弥漫的泪光中，一个瘦瘦高高的熟悉身影正朝他走来……

（文/张莉莉）

梦想之花

杰克是不幸的，作为一个绘画天才，他却是一个色盲。而他又是幸运的，他遇到了威尔斯这样一位为他打开另一扇梦想之门的导师，使他在雕塑方面有了一番大作为。

每个孩子都有梦想，但并不是每个梦想都能够实现。如果你发觉这条路根本走不通时，就马上改变方向吧，这不是朝三暮四，而是适时调整自己。到达成功的路有很多条，人生需要不停地选择目标，追寻的过程或许迷茫，但千万别放弃。

让想飞的梦想成真

用助学捐款带孩子们走出大山，看一看霓虹和车流，孩子们的心便会有了梦。

多年前，一位年轻的教师来到一所山村小学任教。这是一个远离城镇的山村，村民们极少走出大山。因为贫穷，这里的孩子一般只读上几年书，很少有人读到初中，更不要说读高中、上大学，年轻的老师决心改变这一现状。他经过调查发现，这不仅仅是因为贫穷的问题，更重要的是意识的问题，他有了自己的打算。

有一年，学校得到一笔助学捐款，乡教委一再叮嘱老师们要将款项用在刀刃上，用到改善办学条件上去。

可是这位年轻老师拿到捐款后，却没有用到“实处”，在其他班级纷纷用捐款增添教学工具、购买图书之时，他用这点不多的钱将全班十几名学生，带到南方一个城市转了一圈。钱不够，他们睡车站、啃馒头，让孩子们第一次走出山旮旯，让孩子看一看闪烁的霓虹、不息的车流、拔地的高楼，亲身感受外面广阔的世界。

年轻的老师回来后，受到方方面面的指责，说他是借学生之名

去旅游，有的甚至说他贪污了捐款，乡教委也严厉地批评了他，并责令他写出检查。

面对指责，他似乎早有心理准备，他在检查中写道：我们的山村太穷了，要改变这种面貌，只有让村民们走出大山，尤其要让孩子们走出大山。而要让孩子们能走出大山，只有让他们首先知道山外有多么美好的一个世界。

一年后，年轻老师所教班级的十几名学生参加中考，结果全部考取了初中，有的还上了县城重点中学，这在山区学校是绝无仅有的。

十几年后，这些学生学有所成，有的当了公务员，有的当了老师，有的从事科研，有的则当了老板，他们相约来到当年的年轻老师家中拜访恩师，千言万语离不开感谢老师当年冒着风险把他们奢侈地带到大都市去感受一番，让他们在幼小的心灵里树立了冲出大山的梦想，从此有了想飞的感觉，才会有今天的成就。

望着眼前这群昔日的孩子，老师动情地说："这就对了，我始终相信没有白带你们出去一趟，我当年被批评一顿真值得，当年指责我的人现在也该理解我的良苦用心了吧！"

（文/佚名）

梦想之花

这位老师做了一件冒天下之大不韪的事，但这件事，对于孩子却至关重要。人是需要有梦想的，它是人生奋斗的动力和源泉，是一切努力的方向。但梦想的花不是虚构出来的，也不是靠空洞的说教说出来的，最重要的是要靠亲身感受激发出来的。

虽然梦想与现实存在距离，但只要志向不干涸、追求不枯萎、信念不凋谢，人就会以积极的心态在不懈努力的坚持中抵达儿时梦想的场所，让放飞的梦想成真。梦想，需要去探索，当你找到梦想时，你就踏上了成功之路的第一步。

确定梦想

每个人都有自己的梦想，你对自己的未来规划好了吗？如果没有，那么快抓紧时间，确定一个目标，这样才可以有方向的去努力。

请父母根据孩子平时的表现为孩子打打分。

经常3分　　偶尔2分　　从来没有过1分

1. 对某一个领域特别感兴趣	3分○	2分○	1分○
2. 将自己的理想挂在嘴边	3分○	2分○	1分○
3. 希望成为大明星	3分○	2分○	1分○
4. 梦想以后有大把大把的钱	3分○	2分○	1分○
5. 为了一道难题很晚不睡觉	3分○	2分○	1分○

父母签字：____________

生命的箱子

一只箱子之所以能够换得比金子还重要的东西，是因为这里承载着信念。

在一片茂密的丛林里，四个瘦得皮包骨头般的男子扛着一只沉重的箱子，踉踉跄跄地往前走。这四个人是跟队长进丛林探险的。不幸队长得病而长眠在丛林中。

这个箱子是队长在临死前亲手制作的，四个人谁也不知道里面是什么东西。队长对四人说："我要你们向我保证，一步也不离开这只箱子。如果你们把箱子送到我朋友麦教授手里，你们将分得比金子还要贵重的东西。我想你们会送到的，我也向你们保证，比金子还要贵重的东西，你们一定能得到。"

密林的路越来越难走，箱子也越来越沉重，四个人的力气却越来越小了。他们在泥潭中挣扎着。有几次他们都要放弃那只箱子，但是，想到箱子里面那比金子还贵重的东西时，他们又振奋精神前行。这只箱子在撑着这四个人，否则他们全倒下了。在最艰难的时候，他们想着那比金子还重要的东西……

终于有一天，四个人经过千辛万苦终于走出了丛林。他们急忙找到麦教授，迫不及待地问起应得的报酬。而教授说："我什么也没有，或许箱子里有什么宝贝吧！"

于是当着四个人的面，教授打开

了箱子，大家一看，都傻了眼，满满一堆乱石。“这开的是什么玩笑？”第一个人说。“屁钱都不值。”第二个人吼道。“我们上当了吧！”第三个人愤怒地嚷着。此刻，只有第四个人站起来，对伙伴们大声说：“你们不要再抱怨了。我们得到了比金子还贵重的东西。”众人忙问是什么？第四个人说：“是生命和信念。”

（文/佚名）

梦想之花

信念是人的一根救生索。有了信念的支撑，才让探险队员走出丛林，获得比金子还宝贵的生命。如果你每天的学习只是为了应付别人，而不是作为自己成长的第一步来踏实地走。那么你就是没有背负信念的探险者，在人生的丛林中，你的坚持是很累的。但如果你拥有梦想和信念，你就会觉得学习的苦与孤独都是自己成就未来的准备。所以，最重要的是你的心中是否有一个坚定的信念，这样你的奋斗才更有价值。

心存希望就能战胜一切

在剥夺生命的洪流中，一根老树杈就是生命的希望。

鲍勃·摩尔在参加哈佛大学的招生考试时，列入考试的五门功课中，竟然有三门功课不及格，因此没有能够顺利地进入到这所世界著名的大学深造。

用中国考生的话说就是他考砸了。在那段高考落榜、赋闲在家的日子里，鲍勃·摩尔感到非常自卑，常常将自己独自关在黑屋子里，怨天尤人，唉声叹气。

这年夏天，鲍勃·摩尔的家乡接连下了一个多月的暴雨，没过多久，终于山洪暴发了。鲍勃·摩尔不幸被滚滚的山洪卷进了咆哮的河流。在浊浪翻滚的河水中，他像一片轻飘飘的树叶一样被抛来甩去，生命危在旦夕。这个时候，他多么想抓住一样能够拯救生命的东西，哪怕是一块木板、一根芦苇也好。然而，湍急的洪水中除了翻卷的泥沙，他什么也抓不到。他心中暗想，这回算是完了，没有救了。也罢，人生在世，总有一死，死就死吧！

他的这个念头刚一冒出来，便立刻犹如散了架一般浑身乏力，四肢酸软，再没有一点挣扎的力气。整个人都在随着汹涌的波涛在沉沦，在漂浮。

就在鲍勃·摩尔万念俱灰，最后一丝生的希望也即将被死神抽走的时候，脑袋突然被洪水中滚动的石块给碰了一下，骤然的疼痛使他突然清醒过来。刹那间，他突然想起去年夏天与朋友在这条河

中漂流探险时，曾在这条河的下游遇到过一棵粗壮的老树，老树有一个粗大的枝丫，正好斜长着横贴在水面上。只要能够抓住这根树杈，他就能保住自己的生命。一想到这里，他的心中顿时充满了希望，一有了希望，浑身上下顿时力气倍增，心也不慌了，僵硬的四肢也变得灵活了。

鲍勃·摩尔心中默念着那棵救命的老树，在洪水中顽强地坚持着，拼命地挣扎着。历尽艰险，他终于游到了那棵老树跟前。但是，当他拼命地抱住伸向河面的树杈时，谁知那根树杈早已经枯朽。使劲一拽，便“咔嚓”一声断为两截。鲍勃·摩尔只好紧抱着断落的树杈，继续随水漂流。刚漂出没有多远，就被河边经过的抢险队员搭救上岸。

事后，鲍勃·摩尔说，要是他早知道那根树杈是枯朽的，他兴许就不可能坚持游到那儿了。

得知这次事故后，远在英国的父亲打电话给鲍勃·摩尔：你瞧，连死神都害怕希望呢！只要你的心中还有希望，那么，再大的困难，再大的挫折你都能够战胜。你想，既然你已经通过了两门考试，那就一定能够通过更多的考试。记住，哈佛大学就是你生命下游的那棵紧贴河面生长的“大树”。

鲍勃·摩尔心中豁然开朗。于是，他重新回到学校，走进了教室，拿起了课本。并最终以优异的成绩进入了哈佛大学，成为哈佛大学自开办动机激励教育学科以来最出色的学员之一。

后来，鲍勃·摩尔的代表作《你也能当总统》一书，鼓舞了成千上万的奋斗者，使他们由一个个平凡甚至平庸的无名之辈，最终变成了万人瞩目的社会名流。

鲍勃·摩尔说：“你可以失败一百次，但你必须一百零一次燃起希望的火焰。”

（文/李碧红）

梦想之花

当人生遇到困顿时，拯救自己的最好办法就是找到生活的希望。鲍勃洪水中漂浮时，他的希望就是那棵“大树”。而最后，正是这棵已经枯朽的老树给了鲍勃生的机会。

人能够坚强、勇敢，很大程度上取决于内心是否存在着梦想。梦想就像是一盏路灯，指引着前行的道路。

星座趣谈

星座们遇到灾难时，有趣的祈祷方式

白羊座：用滚烫的热水泡茶，然后慢慢地喝掉。

金牛座：买一束玫瑰花，默默许愿。

双子座：拿一些食物，喂给路边可怜的小猫。

巨蟹座：烧一壶热水，用来泡脚。

狮子座：夕阳西下的时候拿镜子照着自己疲倦焦躁的脸。

处女座：拿一个干净的小瓶，装入许多沙子，然后许愿。

天秤座：一个人坐在阳台上，对着窗外发呆。

天蝎座：喝一大杯葡萄酒，然后倒头就睡。

射手座：到马路上奔跑，直到累了为止。

摩羯座：和朋友一起出去郊游。

水瓶座：拿出一本书，拼命地阅读。

双鱼座：一个人对着电视发呆。

让心灵先到那个地方

没有梦想，心灵将会成为一块荒漠。只有在梦想的滋养下成功之花才能绽放。

小时候的约翰·戈达德，每当有空的时候，总会拿出祖父在他8岁那年送给他的生日礼物，一幅已被卷了边的世界地图看。

15岁那年，这位少年一口气写下了127项人生的宏伟志愿：要到尼罗河、亚马孙河和刚果河探险，要登上珠穆朗玛峰、乞力马扎罗山和麦金俐峰，要驾驭大象、骆驼、鸵鸟和野马，要探访马可·波罗和亚历山大一世走过的道路，要主演一部《人猿泰山》那样的电影，要驾驶飞行器起飞降落，要读完莎士比亚、柏拉图和亚里士多德的著作，要谱一部乐曲，要写一本书，要拥有一项发明专利，要给非洲的孩子筹集100万美元捐款，等等。毋庸置疑，这是一场马拉松式的人生征程。

60岁时，约翰·戈达德经历了18次死里逃生和难以想像的艰难困苦，已经完成了其中的106个目标。约翰·戈达德常说的一句话是：我决不放弃任何一个目标，一有机会我就出发。当有人问他是什么力量促使自己成功时，他轻松地回答：“很简单，我只是让心灵先到达那个地方。随后，周身就有了一股神奇的力量。接下来，就只需沿着心灵的召唤前进好了。”

“让心灵先到那个地方”，多么富有诗意的回答！“那个地方”其实就是心中的目标，就是高耸在自己前行方向上的路标。正是有了路标的指引，哪怕遇到艰难险阻、狼群虎豹，哪怕是荆棘遍地，哪怕摔得遍体鳞伤，也其乐融融，一股豪气顿然而生。

在英国，一位腿患严重慢性肌肉萎缩症，走起路来都异常困难的青年斯尔曼，凭借仅有的一条好腿、顽强的毅力和持之以恒的信念，创造了一个个令世人瞩目的壮举：19岁，登上了世界最高峰珠穆朗玛峰；21岁，登上了阿尔卑斯山；22岁时，登上了乞力马扎罗山；28岁前，征服了世界上所有著名的高山。

然而，在他28岁时，却突然自杀在寓所里。什么原因使功成名就的斯尔曼弃世而去呢？人们发现了他留下的痛苦遗言：“我的父母是登山爱好者，他们在一次登山事故中死去，临死前让我完成他们的愿望，我也以此为目标而努力。如今，功成名就的我感到无事可做了，我没有了新的目标。”这封遗书为人们解开了这个谜底。当把巍峨、困难踩在了自己的脚下之时，一直支撑斯尔曼生命一往无前的精神支柱一下子坍塌了，他也因此而失去了人生的全部。

看来，无论是杰出之士还是平庸之辈，无论是青春少年还是耄耋老翁，无论是健康之躯还是身患残疾，最根本的区别不在于智慧的高低，也不在于幸运之神是否青睐有加，而在于有无永恒的目标追求。无论自己已经拥有多么辉煌的成就，无论自己所从事的事业多么平凡普通，当你决定要培育出成功的鲜花时，你就应该事先在心中暗暗种下追求的种子——“让心灵先到那个地方去！”，让它绽放出鲜艳和美丽来！

（文/佚名）

梦想之花

127项人生理想，在我们看来要想实现真是有些异想天开了，但约翰·戈达德因为有了这些理想，他的人生过得别样精彩，而且梦想一一实现。而斯尔曼，一个当今社会身残志坚的典型榜样，却选择了自杀，因为他失去了人生目标。有没有梦想的差别原来如此之大，你的梦想呢？

下一世还做苍蝇

这一世，它是生活在垃圾堆里的苍蝇，好不容易逃出来，为什么下一世还要做苍蝇呢？

它是一只普通的苍蝇，在垃圾堆里化蛹成蝇。垃圾堆是城市代谢废料的集合体，然而对于苍蝇来说，这里却是天堂。这里有着丰富的食物，它们每天不费吹灰之力便可以填饱肚子，剩余的时间便是彼此追来逐去，嬉戏玩耍，真是快活无比的生活。

那是一个再普通不过的日子，一辆垃圾车像往常一样，将满满一车垃圾倒在地上。苍蝇们争先恐后地围拢过去，想从中发现更新鲜的美味。它就夹杂在大伙的中间，然而在落到垃圾堆上的刹那，某样东西突然令它眼睛一亮。

那是一幅旧画，画上，一只蜜蜂在花丛中飞来飞去。那美丽的肤色、纤细的腰肢和轻盈的舞姿，都让这只苍蝇羡慕不已。还有蜜蜂的工作环境，总是那么花香四溢，馥郁芬芳。它再瞅瞅自己，生活的这片天地总是乱糟糟、臭烘烘的。更让它恼火的是，几乎所有的生灵都对蜜蜂大加赞赏，而对苍蝇却鄙夷不屑甚至怒骂唾弃。究竟为什么会这样？

这只苍蝇不服，它觉得命运太不公平了。于是，它找到造物主，要求造物主把自己变成一只蜜蜂。

造物主见这只苍蝇如此勇敢，对它的行为大加赞赏，然后真的把它变成了一只蜜蜂。

看着自己一夜之间变成另外一个样子，它高兴极了，哼着歌儿，轻快地飞进了花丛。

“大家好！”它快乐地和其他的蜜蜂打着招呼。

“你好，欢迎你加入我们的队伍。”蜜蜂友善地冲它摆了摆触须，却并没有停下飞舞的脚步。这时，它才发现，原来这些蜜蜂在花丛中飞舞并不是玩耍，而是在采集花粉。

接下来的日子，它像一只真正的蜜蜂那样，每天早出晚归，采集一囊花粉，送回蜂房，放下。然后再飞出来，马不停蹄地飞向另一朵花。工作单调乏味不说，每天累个半死，却只能得到一点点食物。

一天两天，它还觉得新鲜，可到了第三天，它就受不了了。趁大家都在忙碌地工作，它悄悄地溜开，飞回到了垃圾堆里。

它以为一切还可以重新再来，可是不料，落在垃圾堆上它才发现，垃圾堆早已不再适合它：那些曾经在它是只苍蝇时的遍地食物，根本无法与它身上这套蜜蜂的消化系统相兼容。

最终，一只蜜蜂饿死在了垃圾堆上。

当它的灵魂重新来到造物主身边时，造物主问它：下一世，想做蜜蜂还是苍蝇？

“苍蝇！”它毫不犹豫地回答，因为它已经看清了自己的梦想和幸福。

（文/佚名）

梦想之花

苍蝇在垃圾场中看到的，只是蜜蜂最美的一个瞬间，当它真正走进蜜蜂的生活，它才知道，原来一切美好的光环都是通过艰辛的努力获得的。

这是苍蝇的生活，同样也是很多人的生活。很多时候，我们总是去看别人拥有的，却不曾发现别人的生活也有遗憾。拥有适合自己的理想，才能好好地体会生活的滋味和快乐。

系在树枝上的小布条

那些记录着过去成绩的小布条，一阵风就可以将它们吹走。

在六百多年前，也就是明初时期，湘北一带有一个出了名的寺庙叫净辉寺，一年四季香火不断，里面僧人就有近百人，他们不但熟读各类经书，而且每个人都能舞得一手好枪棒，据说印度等国外禅寺每年都派人到此庙取经学习。

寺僧里有一个13岁的小男孩叫盘木，是被父母遗弃让师兄捡回来的，寺里就他最小，梳着个小辫子，大大的眼睛，长得聪明伶

俐，十分讨人喜欢，师兄们都宠爱他，争着教他各种技艺。

不到3年时间，他就把其他师兄10年时间学的东西全学到手了，还自己琢磨钻研出来好几套剑法，让其他师兄惊叹不已，连师父圆真大师都夸他是建寺几百年来最聪慧的一个。其他师兄到了快20岁的时候师父才教的经法和武功，盘木10岁时师父就开始传授他了。

那时，寺庙每到周一早晨几十个师兄师弟们都要接受师父和各个长老的考试，而且还要对试一段时间以来学到的武功。一次大型庙试，几十个人都站在寺庙外接受师父们的考核。这次小盘木不但在武功上打败了师兄几十人，在诵经上也让师父们面面相觑。

不久后的一天，近20岁的小盘木找到圆真大师说要独自一人闯荡江湖，师父见他一副骄傲十足的模样，什么也没说，径直走到寺内一棵枝叶繁茂的大树下，对小盘木说道："以后你每取得一点成绩或者你学到一门新的武功，你就在树叶上系个小红布条，当你把树叶上都系满时，你就可以出师下山了！"

小盘木眨着大眼睛高兴地点了点头，心想师父早这样说也许现在树上就全是红布条了。

从此，小盘木更加刻苦用功了，每取得一点进步或学到一点新的东西，他总不忘在树叶上系个红布条，有时一天要系好几个。从春天一直系到了秋天，整棵大树上花花绿绿，甚是好看。

忽然有一天，小盘木大哭大闹地找到师父。原来，秋天来了，风一吹，树上的树叶就一个劲地往下掉，而且越掉越多，越掉越快。

师父低下头慈祥地抚摸着小盘木的脑袋，语重心长地说道："孩子，成绩是属于昨天的，时间是最好的见证人，这是自然规律啊！"小盘木似有所悟地点点头。

小盘木从此，牢记师父的教导，求学习武上永不知足。25岁那年，就金榜题名取得了文武双科的状元，入宫做了皇上的贴身护卫，深得明太祖朱元璋的赏识。

是的，所有的辉煌永远都属于过去，属于昨天，属于历史，迟早都是要淡出人们记忆。就像一片片树叶，从抽芽到长大，从翠绿到发黄，最后还是要悄然地飘逝！梦想需要不断地努力，再辉煌的成绩都是过去式。

（文/王佐政）

梦想之花

成绩属于过去，而梦想在前方。在实现梦想的过程中，我们会取得一点一滴的成绩，但如果你沉溺于过去取得的辉煌成绩中，那么你的头永远是向后看的，而梦想便会悄然消逝。

打开梦想的盒子

每个人都有一个梦想的盒子，但打开盒子的钥匙在哪儿？

查尔斯·蒂梵尼是一个磨坊主的儿子，经过几年艰苦的奋斗，他终于开起了一家自己的珠宝行。

一天他在报上看到一则消息，美国铺设在大西洋底的一根越洋电缆，因为年代久远而破损，需要更换。这样一条在大多数人看来普通的新闻，在查尔斯·蒂梵尼的脑子里，仿佛划过一道亮光。他在想，这是一个非常有商业价值的信息，很可能帮助他。于是他立即与有关部门联系，用尽积蓄买下这根报废的电缆。

别人都笑他傻，花那么多钱却买了一件废品，而他却丝毫没有动摇自己的信念，在别人不解的目光中努力实现着自己的梦想。

他首先把电缆洗干净、弄直，随即裁剪成一小段一小段的，然后将这些金属块精心地加以修饰，最后作为纪念品出售。由于电缆来自深深的大西洋底，人们认为有很高的收藏价值，于是争相购买，他轻而易举地发了一笔财。

查尔斯并没有因此而停步，他用卖电缆纪念品赚的这笔钱买下欧仁皇后的一枚钻石。这枚钻石是稀世奇珍，光彩夺目。钻石到手后，他并没有像人们想象的那样珍藏起来，或者高价转手，而是筹备了一个首饰展示会。那些梦想一睹皇后钻石风采的人从各地蜂拥

而来，使得展示会门庭若市热闹非凡。此次盛会，仅门票收入就十分可观。

（文/佚名）

梦想之花

传说人们降生的时候，上帝给每个人都配了一个美丽的盒子，里面装着斑斓的梦想。可是一生之中，有许多人只能看着那些美好的梦想，却无法打开盒子。其实上帝给了每个人一把钥匙，有的是拼搏、坚韧，人们却不知去运用。而有一把钥匙却是公用的，谁都可以用它赢得梦想，那就是智慧。平凡的事物在庸人眼中，只是更为普通的东西，而一颗拼搏、坚韧的心，却能从平凡中感受到梦想的曙光。

小计划

或许你希望自己以后成为科学家或是大明星，但是那些都离现在很远，所以要从眼前的小目标开始一步步走向最大的目标。从下一个周一开始为自己每天制定一个小目标，比如每天记住10个单词，或是背诵一篇古诗。

请父母根据孩子平时的表现为孩子打打分。

经常3分　偶尔2分　从来没有过1分

1. 喜欢上社会科学方面的课　3分○ 2分○ 1分○
2. 对于数学很敏感　3分○ 2分○ 1分○
3. 记忆英文单词又快又准　3分○ 2分○ 1分○
4. 热爱劳动　3分○ 2分○ 1分○
5. 按时完成作业　3分○ 2分○ 1分○

父母签字：________

乞丐的命运

可怕的不是凄惨的命运，而是对这种命运的习惯。

上帝想改变一个乞丐的命运，就化作一个老翁前来点化他。

他问乞丐："假如我给你1000元，你如何用它？"

乞丐回答说："这太好了，我要用这1000元买一部手机！"

上帝不解，问他为什么。

"我可以用手机同城市的各个地区联系，哪里人多，我就可以到哪里去乞讨。"乞丐回答说。

上帝很失望，又问："假如我给你10万元呢？"

乞丐说："那我可以买一部车。以后，我再出来乞讨就方便了，再远的地方也可以很快赶到。"

上帝感到悲哀，这一次，他狠狠心说："假如我给你1000万元呢？"

乞丐听罢，眼里闪着光亮说："太好了，那我可以把这个城市最繁华的地区全买下来。"

上帝挺高兴。

这时，乞丐补充了一句：“到那时，我可以把我领地里的其他乞丐全撵走，不让他们抢我的饭碗。”

上帝听罢，黯然离去。

（文/佚名）

梦想之花

一个人没有远大理想的时候，他就只会局限于自己狭隘的思维中，就像文中的乞丐，即使上帝把机会摆在他的面前，他永远想的只是乞讨，最终连上帝都对他失去信心，改变命运的机会就这样白白流失了。

一夜能走多远

一粒种子，错过一个夜晚，可能就错过了来年的丰收，那么一个人呢？

那年我高考落榜，心情糟糕。我想出去打工，多挣点钱给父母，或许那样能弥补我对他们的愧疚。父亲说，等把地里农活儿忙完再做打算吧。

那时候麦子已经收完，妈妈却病倒了，我家还有一块地没种上苞米。夜里落了一场透地雨，正是种苞米的良机，第二天中午，我和父亲出发了。

种子盛在塑料桶里，父亲刨坑我点种子，每个坑两粒种子。农历五月毒辣辣的阳光似乎要把昨夜的雨水全部收回，地面热得像蒸笼，我汗流浃背，父亲也直喘粗气。太阳落山的时候我已经筋疲力尽，口干舌燥。我们还有4垄地没种完，种子却用光了。

我如释重负地对父亲说，正好天要黑了，咱们收工，明天再带种子来吧。父亲没说话，把锄头藏在地头的麦秸垛里，我们回家了。

回到家，我喝了水，舒服地躺在炕上想美美地睡一觉，却看见父亲又在弄苞米种子，我问不是明天才下种吗？现在准备有什么用？父亲笑着说，这块地今晚必须种完，否则将来会歉收。

我觉得不可思议，不就差一宿吗？父亲说，我们打个盹儿，一宿就过去了，但是种下去的种子不睡觉啊，同块地的苞米晚种一宿，产量差别可就大了。

见我半信半疑，父亲指指屋檐下挂的苞米说，你看吧，这些和囤里的都是这块地的收成，前后就差一天。

我拿起檐下的苞米穗与囤里的比了比，短3厘米左右！我又拿了几个比较，无一例外，檐下的苞米个头普遍偏小！

原来，去年这片地还没播种完，突然下了场雨，无法干活，地北头这5垄比其他地晚种了一天。我被这个事实惊呆了。父亲说，大片地玉米同时吐蕊秀穗时，晚种的这几垄还未吐蕊，错过了最好的授粉期，所以收成差了许多。没想到，短短一天差别如此明显。

一个黑夜、一个白天对于我们人类只算一个片刻，但是对于生命周期只有70多天的苞米，的确是一个不短的时间。

我们看似漫长的人生不也像一粒种子般短暂吗？刚开始就落后别人一步，如不努力追赶，到后来就像檐下的苞米一样……那天傍晚，我和父亲又回到田里，把那片地全部种完，回到家时已经满天星斗。

那年秋天我没有外出打工，而是选择了复读。经过一年的努力，我考上了一个不错的大学。一晃12年过去了，我有了稳定的工作，而与我一样落榜外出打工的几个同学，如今还辗转在烈日下的工地上辛苦地劳作，经常为讨要工钱而苦恼。

那些装满了理想与希望的种子，短短一夜间，已经吸足了水分，早已迈开了“人生”的脚步，一旦错过，机会永不再来。

（文/付体昌）

梦想之花

一个夜晚，可以决定一年的收成，一个瞬间，也可以改变人的一生。想要获得成功，就得让自己有不为失去良机而后悔的机会。为了梦想去抓紧时间努力，不要给自己留下遗憾的回忆。

幸福在哪里

坐轿子的人未必幸福，抬轿子的人未必不幸福。

当时正值夏天，四川的天气非常闷热。罗素和陪同他的几个人坐着那种两人抬的竹轿上峨眉山。山路非常陡峭险峻，几位轿夫累得大汗淋漓。作为一个思想家和文学家的罗素，此情此景，没有了观赏峨眉山的心情，而是思考起几位轿夫的处境来。他想，轿夫们一定痛恨着所有坐轿的人，这样热的天气，还要他们抬着上山，甚至轿夫或许正在思考，为什么自己是抬轿的人而不是坐轿的人呢？

罗素正思考着的时候，到了山腰的一个小平台，陪同的人让轿夫停下来休息。罗素下了竹轿，认真地观察轿夫的表情，很想去宽慰一下辛苦的轿夫们。

但是，他看到轿夫们坐在一起，拿出烟斗，有说有笑，讲着很开心的事情，丝毫没有怪怨天气和坐轿人的意思，也丝毫没有对自己的命运感到悲苦的意思。他们还饶有趣味地给罗素讲自己家乡的笑话，还给这位大哲学家出了一道智力题：“你能用11画，写出两个中国人的名字吗？”罗素承认不能。

轿夫笑呵呵地说出答案，王一、王二。他们在交谈中不时发出高兴的笑声，罗素陡然心生一丝惭愧和自责：我凭什么去宽慰他们？我凭什么认为他们不幸福？

后来，罗素在他的著作中讲到了这个故事。而且，他因此得出了一个著名的人生观点：用自以为是的眼光看待别人的幸福是错误的。

是的，坐轿子的人未必是幸福的，抬轿子的人未必不是幸福的。我们可以让自己的生活充满喜悦，我们也可以让自己的生活丰富多彩。那些真正找到人生幸福的人，不是因为做了大官，发了大财，有了大学问，而是因为他们拥有一颗健康乐观的心灵，因为他们会用这样的心灵去体验幸福。

人生幸福，原来就在我们每一个人的心中。

（文/佚名）

梦想之花

对于罗素来说，自己坐在轿子上，而轿夫却忍受着太阳的炙烤，汗流浃背地抬着他拾级而上，他根据自己的推断认定轿夫是不幸福的。但事实上，每个人的梦想是不一样的，轿夫的梦想与他的梦想完全不同。不要以自己的梦想作为衡量他人的标准，不因他人的梦想比自己的卑微便轻视别人，也不因他人的梦想比自己的远大而放弃自己。

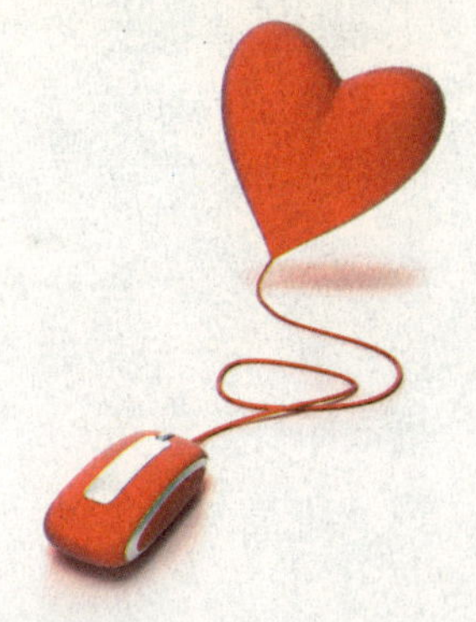

给你一双袜子

小男孩乞求上帝给他一双鞋，史密斯先生代表上帝却只给了他一双袜子。不过，这似乎更管用！

圣诞节前夕，街上熙熙攘攘的人群变得少了许多。“感谢上帝，今天的生意真不错！”忙碌一天的史密斯夫妇送走了最后一位来鞋店里购鞋的顾客后由衷地感叹道。透过通明的灯火，可以清晰地看到夫妻二人眉宇间的激动与喜悦。

史密斯先生走向门口，准备去搬早晨卸下的门板。他突然在一个放着各式鞋子的玻璃橱窗前停了下来。透过玻璃，他发现了一双孩子的眼睛。

史密斯先生急忙走过去想看个仔细：原来这是一个捡煤屑的穷小子，冻得通红的脚上穿着一双极不合适的大鞋子，落满煤灰的鞋子上早已“千疮百孔”。穷小子看到史密斯先生走近了自己，目光从橱窗里做工精美的鞋子上移开，盯着这位鞋店老板，眼睛里饱含着一种莫名的希冀。

史密斯先生俯下身和蔼地问：“圣诞快乐，我亲爱的孩子，请问我能帮你什么忙吗？”男孩儿好半天才应道：“我在乞求上帝赐给我一双合适的鞋子，先生，您能帮我把这个愿望转告给他吗？我会感谢您的！”

正在收拾东西的史密斯夫人这时也走了过来，她把这个孩子上下打量了一番，然后把丈夫拉到一边，对丈夫说：“这孩子蛮可怜的，还是答应他的要求吧？”

史密斯先生却摇了摇头，不以为然地说：“不，他需要的不是一双鞋子。亲爱的，你把橱窗里最好的棉袜拿来一双，再端一盆温水来，好吗？”史密斯夫人满脸疑惑地走出去。史密斯先生很快回到孩子身边，告诉男孩儿说：“恭喜你，孩子，我已经把你的想法告诉了上帝，马上就会有答案了。”孩子的脸上这时开始漾起兴奋的笑容。

水端来了，史密斯先生搬了一张小凳子示意孩子坐下，然后脱去男孩儿脚上那双布满尘垢的鞋子。他把男孩儿冻得发紫的双脚放进温水里，揉搓着，语重心长地说：“孩子，真对不起，你要一双鞋子的要求，上帝没有答应你，他说，不能给你一双鞋子，而应当给你一双袜子。”男孩儿脸上的笑容顿时僵住了，失望的眼神充满不解。

史密斯先生急忙补充说：“别急，孩子，你听我把话说明白。我们每个人都会对心中的上帝有所乞求，但是，上帝不可能给予我

利地考上了公务员，从此开始了日复一日、年复一年的枯燥生活

办公室里的同事们一有时间就在一起看看报纸聊聊天，而性格内向的他却常常在没工作的时候奋笔疾书，记录着一些有趣的历史故事。大家都在私下里笑他，然后又继续海阔天空地胡侃着。

下班之后，他也基本上没什么休闲活动。他实在讨厌那些吃吃喝喝的应酬，于是把自己关在狭窄的房间里，沉浸在那刀光剑影、富贵浮云的历史往事中。他一直觉得自己的生命不能在这样琐碎无聊的时光中消耗掉，终于有一天，他下决心要写一本书。在接下来的日子里，他开始用自己的语言诠释着一段古老的历史。不过，巨大的孤独感也让他窒息，有时候，实在是太孤独了，他就停止写作，骑着自行车在夜市上逛一圈儿，什么也不买，只是想在人群中排遣胸中的孤独。

就这样，他利用断断续续的业余时间硬是写出了一本几十万字的书。后来，这本名叫《明朝那些事儿》的网络小说在极短的时间内迅速窜红，出版社争相和他签订合约，他独特的历史观和丰富的历史知识，还有那俏皮调侃的语言在读者中造成了巨大的轰动。这个名叫“当年明月”的小公务员一夜之间就成了红透大江南北的名人，使得和他朝夕相处的朋友同事们大跌眼镜。

在谈到自己如何成功的时候，他调侃着说道：“比我有才华的人，没有我努力；比我努力的人，没有我有才华；既比我有才华，

们现成的好事，就像每个人都想追求宝藏，但是上帝只能给我们一把铁锹或一张藏宝图，要想获得真正的宝藏还需要我们亲自去挖掘。拥有梦想，前途才会一片光明！

我在小时候也曾乞求上帝赐予我一家鞋店，可上帝只给了我一套做鞋的工具，但我始终相信拿着这套工具并好好利用它，就能获得想要的一切。

二十多年过去了，我做过擦鞋童、学徒、修鞋匠、皮鞋设计师……现在，我不仅拥有了这条大街上最豪华的鞋店，而且拥有了一个美丽的妻子和幸福的家庭。孩子，你也是一样，只要你拿着这双袜子去寻找你梦想的鞋子，那么，你肯定也会成功的。另外，上帝还让我特别叮嘱你：他给你的东西比任何人都丰厚，只要你不怕失败，不怕付出！”

脚洗好了，男孩儿若有所思地从史密斯夫妇手中接过“上帝”赐予他的袜子，像是接住了一份使命，走出了店门。他向前走了几步，又回头望了望这家鞋店，史密斯夫妇正向他挥手：“记住上帝的话，孩子！你会成功的，我们等着你的好消息！”男孩儿一边点头，一边迈着轻快的步子消失在黑夜里。

一晃三十多年过去了，又是一个圣诞节，年逾古稀的史密斯夫妇早晨一开门，就收到了一封陌生人的来信，信中写道：

尊敬的先生和夫人：

您还记得三十多年前那个圣诞节的前夜，那个捡煤屑的小伙子吗？他当时乞求上帝赐予他一双鞋子，但是上帝没有给他鞋子，而是别出心裁地送给他一番比黄金还贵重的话和一双袜子。正是这样一双袜子激活了他生命的自信与不屈！这样的帮助比任何同情的施舍都显得重要，给人一双袜子，让他自己去寻找梦想的鞋子，这是你们的伟大智慧。

衷心地感谢你们，善良而智慧的先生和夫人。他拿着你们给的袜子已经找到了对他而言最宝贵的鞋子，他当上了美国的第一位共和党总统。

我就是那个穷小子。

信末的署名是：亚伯拉罕•林肯！

（文/李丹崖）

梦想之花

史密斯先生面对一个渴望新鞋的小男孩，却只给了他一双袜子。这双袜子本身的价值是渺小的，但这双袜子是史密斯先生代表上帝，送给孩子的温暖和奋斗的力量。拿着一双梦想的袜子，他真的找到了属于自己的鞋子。那个穷困潦倒的穷小子，怀揣着梦想的袜子最后当上了美国总统。

或许我们的梦想并没有那么伟大，但是只要是梦想就需要我们去奋斗，去努力。

别让时间消磨了你

他将别人满街乱跑、手足无措、交际应酬的时间用来读读写写，他就可以著述属于自己的“史书”。

出生在一个平凡家庭的他，过着和同龄人一
学，读书，玩耍，在平淡的岁月中一点点长大。
找出什么特别的东西，或许应该就是他对历史
时候，当别的男孩儿正拿着变形金刚，仿真手
他却独自一人蹲在厨房昏暗的灯光里如饥似渴
厚的史书。

光阴似箭，高考之后，他进入了一所普
没有他想象的那么缤纷多彩，大量的业余时
无措。于是，大多数人都用恋爱、玩网络游
他却是个另类，不谈恋爱，不玩游戏，很少
只要一有时间，他就一头扎进史书中，乐此

时光飞快地流逝着，四年的大学生活

又比我努力的人，没有我能熬。在他们消磨时间的时候，我却在不停地努力着。”

如今，他当年的同学同事们仍旧默默无闻，而他却已大获成功，这其中的奥妙，让人深思。

所谓消磨时间，不过是时间消磨你的另一种说法而已。有心的人，会在平淡琐碎的时光中根植梦想，抓紧时光充实自己，创造机会。最终，他们就会在别人感慨平庸生活的时候，收获成功。别让无聊的时光消磨了你，只要能把握自己的时间，必将成功。

（文/佚名）

梦想之花

从小学到大学，再到进入工作岗位，在别人消磨时间的时候，他却充实了自己，成就了自己。这种对待时间的态度，让他的成功历程有点与众不同但又平平凡凡。

在我们的生活中，有多少人喜欢消磨时间，却被时间消磨了生命。学习的过程中，更应该懂得珍惜自己的时间，你能够抓住哪怕一分一秒，你就可以获得比别人更多的知识。在平淡中植入不平淡的梦想，或许就可以有一个不一样的人生。

父亲上的一堂人生课

如果你不懂得吸取那些教导之言中蕴藏的巨大智慧，

你的求知过程必定会迷茫而艰辛。

国际电影巨星阿诺德•施瓦辛格于1947年7月30日出生在奥地利格拉茨的特尔村，他的父亲是一位警长，更是施瓦辛格的人生导师。

10岁生日那天，父亲让施瓦辛格说出自己的人生理想。小小的施瓦辛格面对生日蛋糕上的蜡烛许下了三个愿望：第一成为世间最强壮的人；第二成为成功的商人；第三成为出色的政治家。警长父亲得知儿子的志向后，心里非常高兴，但是，他并没有像其他许多父亲那样把尽可能多的赞美之词献给儿子，而是给儿子讲了一个故事：

在美国费城的纳尔逊学院门口竖立着两尊雕塑，一只鹰和一匹马。那只鹰，低垂脑袋，身形萎缩，那匹马，双目微睁，皮开肉

绽。纳尔逊学院为什么要竖立起这样两尊奇怪的雕塑呢？人们迷惑不解，于是有位年轻的学子去询问纳尔逊学院的院长。

院长先生指着那只鹰说：“这只鹰在很小的时候，就向往着像其它的鹰一样搏击长空，翱翔四方。于是它开始练习各种飞翔的本领，经过刻苦地学习之后，鹰终于掌握了许多高超的飞翔技能。没过多久，鹰就迫不及待地展翅飞向蔚蓝的天空。它飞呀飞，一会儿滑翔，一会儿俯冲，一会儿盘旋，展示着各种飞翔的技巧，它飞过很多地方，尽情地领略天空的广阔，大地的秀美。它为自己的成功感到自豪、骄傲。

终于有一天，鹰飞累了，感到很饥饿，可是面对着地上奔跑的兔子和田鼠，鹰却不知道该怎样去捕获它们，因为过去它除了学习飞翔之外根本就没有学习过捕食的本领。傍晚，鹰终于筋疲力尽，伏在一处山崖上无力动弹，活活饿死。”

“那匹马又是怎么回事呢？”年轻的学子问道。院长先生继续说：“那是一匹自负的马。本来这匹马生活在一个磨坊主家，成天拉磨。可是马觉得委屈，它想，我是一匹善于奔跑的马，怎么能成天拉磨呢？于是，马跑到上帝那儿抱怨。结果上帝把马安排到一个农夫家，农夫只是不时让马拉着车子运些粮食和杂物，马觉得这日子不错。

但是没过多久，马又开始抱怨在农夫家里吃得太差，因为农夫总是拿点干瘪的枯草喂它。于是，上帝又给它换了一个能够吃得好的皮匠家。皮匠每天都拿着香喷喷的营养丰富的豆渣给马吃，也不让马干活儿，还每天给它洗刷皮毛。马惬意极了，但是这样的生活没过多长时间，皮匠把马绑在木桩上，一刀结果了它的性命，剥下它质地优良的皮。”

父亲告诉施瓦辛格：“这故事告诉人们，一个人不仅要有理想，更要学会生存。一是要懂得生存的基本技能，二要懂得生存的法则。一个人首先做好手头上正在从事的工作，在没有干好之前，永远不要抱怨。”

施瓦辛格一直牢记着父亲给他上的这一堂人生课，并时刻指导着自己的生活。为了生存，他刻苦学习安身立足的生存技能，并以优异的成绩获得了威斯康辛大学的商科学士学位，还深入研究希尔博士创立的“创富心理学”，通过经营房地产赚取了人生第一桶金，成了百万富翁。

他从来不抱怨命运，而是埋头干好所从事的每一项工作。练习健美的时候，他每周练习七天，每天六小时，前后共获得过一届国际先生、五届环球先生（世界健美冠军）与七届奥林匹克先生的荣誉，这一奇迹在健美界是空前绝后的。

21岁时，施瓦辛格移居美国，他在电影界的成就更是人所共知。在银幕上的他，塑造了许多经典的人物形象，并转眼成为了国际巨星。他所著的书，一问世便抢购一空；他从事公益事业，获得过老布什总统颁发的“国民领袖奖”；2003年11月17日宣誓就任加利福尼亚州第38任州长以后，他为加州经济的繁荣与发展更是殚精竭虑，做出了巨大贡献。

（文/佚名）

梦想之花

每个人的学习过程，都不缺少教诲我们的人，但那些教诲被我们当作了什么呢？烦人的唠叨、恼人的责备还是不负责任的胡言乱语呢？

施瓦辛格将父亲讲述的一个故事牢牢记在心里，他从很小就知道梦想与现实应该怎样合理地结合在一起。在为梦想奋斗的过程中，千万不要忘记了生存的准则。

梦想的种子

在贫瘠的沙漠，一棵种子要如何才能发芽呢？

布罗迪是个幼儿园的教师，年老退休后，闲来无事就开始整理阁楼上的旧物。在很多的东西中，他发现了一叠练习册，那是皮特金幼儿园B(2)班31位孩子的春季作文，题目是：未来我是______他还以为这些东西在德军的轰炸中早已灰飞烟灭了。没想到它们竟然在自己家的阁楼里，而且一躺就是五十年。

布罗迪随便抽出几本，慢慢的翻看。很快，孩子们虽然幼稚但新奇无比的想法就让他乐开了。他仿佛看见了那一群小娃娃抬头挺胸，满怀自信的样子。那个总是流着鼻涕的皮特说未来的他是一名海军大臣，带着他的船队要满世界的玩。这是因为有一次他在海边玩耍时，不小心喝了很多的海水，但是没有被淹死。杰克说未来的他会是美国的总统，因为他能在地图上认出美国每一个省的轮廓。最让人称奇的是一个叫戴维的小盲童，他认为将来他必定是英国的一个内阁大臣，因为在英国还没有一个盲人能进入内阁。三十一个孩子的作文，是三十一个当年许下的梦。有音乐家、有数学家、有王妃……五花八门、应有尽有。暖暖的阳光下，看着这些泛黄的纸张，那些幼稚的笔记，布罗迪觉得这是多么美好的一件事。于是，他想把这些年少时的梦，送还给曾经的那些孩子，让他们看看自己是否实现了自己50年前的梦想。

他在当地一家报纸发表了一则启事，没几天布罗迪就收到了很多书信，这其中有来自商人的，有来自官员的，有来自军人的，但是大多数都是平凡的市井小民。他们都说想看到自己儿时的梦想，并且很想得到那本作文本。布罗迪根据信中的地址，把作文一一寄了过去。一年后，他的手头就只剩下了那个叫戴维的小盲童的信。布罗迪想时间已经过去50年，肯定会发生很多事，谁知道戴维现在在哪儿呢，说不定已不在这个世上了。就在布罗迪准备把这封信收起来继续收藏的时候，他收到内阁教育大臣布伦克特的一封信，信中说那个叫戴维的小男孩的是曾经的他。他非常感谢老师一直为他保存着那个梦想，但是现在的他已经不需要那个本子了。他的梦想一直长在心里，从来没有消失过，五十年的时间，足够他实现了当年的那个梦。

布罗迪微微地区差价笑着，把信和本子一起放到了他的书柜。小苗已经长成大树，当年让人为之一笑的小梦想，现在已经成为现实。只要坚持，只要努力，相信我们还会看见无数个戴维。

（文/佚名）

梦想之花

梦想的种子种下了，还需要辛勤的园丁，没有精心的照顾，永远无法开出娇艳的花朵。从现在开始，也为自己写下一个梦想。也许十年、二十年之后，你就能收获满园的馨香。

用脚描绘的世界

以脚为手，描绘梦想的蓝图。

姜旭出生于阜新一个贫苦的农村家庭，三岁时姜旭被诊断患有先天性脑瘫。父母四处奔波，求医就诊，但是一次次点燃的希望，到了最后都只剩下绝望，他的上半身依然无法活动。

小姜旭慢慢长大，家人对这个残疾的孩子既疼爱又充满了无奈。然而姜旭在4岁那年，竟奇迹般地用脚把一个玩具小火车拆卸了，然后还用脚把它组装好。母亲宋桂琴高兴极了，绝望的她又看到了希望，她决定教小姜旭用脚读书认字。家里穷，买不起纸笔，她就把字一个个写在捡来的烟盒上面。聪慧的姜旭也许过早的认识到了自己与别人的不同，他学得非常快，仅仅几个月，他把写在烟盒上的600多个字全部记熟了。

到了学龄，没有学校愿意招收姜旭。又到一所学校，他的母亲哭泣恳求，小姜旭自己也拿着脚在地上写到："求求你，让我上学！"校长感动了，姜旭终于能和其他小伙伴一样去学校上学了，来之不易的学习机会让他更加认真、刻苦。虽然小姜旭是用脚记笔记，但是成绩很好，经常是年级一二名。他的勤奋常常让老师也佩服。因为上半身行动不便，他做很多事都很慢。课间他很少去厕所，怕时间不够耽误了记笔记。有一次，实在是挺不住了，就去了厕所。刚出来，铃声就响了，他就赶紧走，一下子摔倒了。摔了，他就爬着走，回到教室后，整个衣服都是脏的。

他从来不抱怨生活的不公，总是尽自己最大的努力去做。他喜欢画画，北方冷得刺骨的冬天，他夹着笔的那只脚，长了一层层的冻疮。初二的时候，他参加了辽宁省青少年书法大赛，渴望奔驰的心，让他把这幅画画得十分传神，还获得了三等奖。

困苦的生活，残疾的孩子，让姜旭的父亲难以忍受了，高中的一个元旦，他抛弃了姜旭母子俩。姜旭妈妈边包着饺子，边哽咽说："没关系，每个人都有幸福的权利。"姜旭很想问问妈妈"您的幸福在哪里？"但他没有说出来，他知道现在自己必须比以前更加坚强。姜旭默默回到房间，脚趾被钢笔磨出的水泡终于流出了血和脓。放学时，本来走路就摇摇晃晃的他，跌倒好几次，膝盖青了，脸擦破了，可这一切与此时内心的荒凉相比，变得微不足道。

父亲走后，家里的生活更成了问题。母亲要照顾他，没办法出去工作，母子二人每月只能依靠150元的低保金生活。母亲在学校周围租了一个小棚屋，条件十分艰苦。宋桂琴担心姜旭"有想法"，就对姜旭说："孩子，咱家困难，你别和别的同学比。咱们住的地方只要能做口饭，下雨浇不着咱俩儿，刮风刮不着咱俩儿，冬天冻不着咱俩儿，就行了。"姜旭却对妈妈说："妈，这样的条件已经很不错了 。"

住在姜旭家对面也是陪读的母亲给孩子做了红烧肉。宋桂琴就问姜旭："你想吃吗？妈妈也买一斤肉，妈不会做，就请别人给你做"。姜旭怕花钱，对妈妈说："妈，你别买了，我不想吃，看见肉我就腻"。由于学习好，姜旭上高中时每月都得奖学金，每次奖学金发下来他都交给妈妈，"妈，多买点蔬菜吧。"后来宋桂琴就告诉姜旭："孩子，这些钱以后妈妈就不要了，你喜欢书、音乐磁带就多买些吧。"

高中三年，姜旭每天只睡四五个小时。由于长期大幅度弯腰用脚写字，经常腰疼得头冒大汗。他找到一根5厘米宽的木头垫在褥子下，每晚他躺在这根木头上睡觉，让腰部的疼痛得到缓解。他心中唯一的想法就是：我要上大学。

2008年22岁的姜旭终于迎来了高考，当地教育局考虑到他的特殊情况，特意为他单独设了一个考场，允许他只打钩作答。

考数学那天，阜新突降暴雨，在赶往考场的路上，由于道路泥泞，他们拦不到一辆出租车，母子俩在齐腰的雨水中滚打，姜旭也第一次因身体的残疾感到了无助的绝望。在考试开始前的最后三分钟，姜旭赶到考场，衣服已全部湿透，冻得瑟瑟发抖。当姜旭的脚刚夹起笔时，他的腿突然抽筋，无奈之下，他放弃了数学考试。

即使这样，姜旭也以优异的成绩考取了辽宁工程技术大学的“证券与期货”专业，成为他和母亲梦寐以求的大学生。

2008年10月31日，在社会各界的帮助下，沈阳市皇姑区中心医院免费为姜旭做了FSPR一期手术。手术很成功，姜旭僵硬了20多年的上半身动起来了！

他激动地说：“我真是太幸福了，从小到大，我的老师和同学都这样的好，真的是让我感动。”

（文/佚名）

梦想之花

实现梦想的路都是风雨兼程，能坚持下来的人，就一定能取得成功。坦然面对生活的磨砺，笑对苦难，勇于承担。生活的勇士，必然能收获成功之果实。

我们一定都有自己最感兴趣的东西，所以不要轻易放弃自己的兴趣爱好。如果你喜欢数学就不要害怕一道题浪费了自己一个小时的时间，从现在开始重视你的兴趣吧。

请父母根据孩子平时的表现为孩子打打分。

经常3分　　偶尔2分　　从来没有过1分

1. 有一项自己的爱好	3分○	2分○	1分○
2. 每个阶段会给自己树立一个目标	3分○	2分○	1分○
3. 为了实现目标，会有具体行动	3分○	2分○	1分○
4. 有自己日后的理想职业	3分○	2分○	1分○
5. 喜欢搜集与未来理想职业有关的信息	3分○	2分○	1分○

父母签字：____________

2

第二章

执着篇

人生可能是一条曲线

三个完全不相关的人，是怎样绕成一个圆满的圈呢？

先说第一个人。

他叫张朝南，乡村教师，朴实敦厚，典型的山里汉子，他有太多的事迹可以让那一方人永远记住他。为了二十几个学生能顺利上学读书，他变卖了所有的家当，住在学校里，苦苦地支撑着几个村唯一的小学。作为一个极贫困偏远山区的民办教师，他的工资不仅少得可怜，而且被长年拖欠着，他甚至连家都没成。每年涨山洪的季节，他都要亲自去接送各村的学生，在危险地段，他更是背着

学生趟过河水。他的事迹上过报纸，可除了得到一点虚名外，对于他，对于他的学校，没有带来丝毫的改变。

直到爆发那场最大的泥石流。那一次，张朝南在生死边缘走了无数次，救下了二十一名学生，却终有一个孩子被泥石流吞噬了生命。他自责自怨，无法面对那如花的生命在面前殒落。他觉得对不起教师这个称号，他连一个孩子稚嫩的生命都保护不了。那次灾难之后，他便放弃了教师的职业，成了无数普通山里人的一员。

再讲讲第二个人。

此人叫凌厉。人如其名，他在社会圈子里绝对是人人谈之色变的人物。他是一个保镖，花高价雇他的人极其放心。他的身手，十个经过专业训练的大汉也不是对手，他冷酷无情，毫不心慈手软。在一场地下商业纷争中，他和雇主面对几十个人，在谈崩了的情况下，他能将雇主安然带回，身后是放倒了一地的打手。这一事

件，已成了保镖界的传奇与神话。

像凌厉这样的人，注定是充满着传奇和神话的。虽然他也曾有过太多次生死悬于一线的时刻，可他却把这些当成了一种刺激。那几年的保镖生涯中，他究竟赚到了多少钱，没有人计算得清。不过再美的神话也有落幕的一天，他终因遇人不淑，在拼死保护一个大毒贩时，被警方捉住了。留给凌厉的是萧萧的铁窗生涯。

还剩下最后一个人。

这是一个地位尊崇的企业家，叫封平。年近半百的封平开始创业，在短短几年内，他将一个小门面发展成大集团，这让许多业内人士和记者都惊叹不已。

是的，在当今竞争如此激烈残酷的社会之中。封平能在几年之中迅速崛起，真堪称是一个天才。年过六旬的封平事业如日中天，不过他却很低调，丝毫没有大富豪的派头和霸气。更加令人感到惊奇的是，他竟然是单身，不知是丧失了亲人还是终身未娶。只是听人说，在他的办公桌上，摆着一张小女孩的照片，这也让人们凭添了许多猜想。

然而，更令人难以相信的是，封平一夜之间出卖了集团中自己所有的股份。而且，那些天文数字的财产他全都捐了出去。这种做

法，在国内是惊世骇俗的。有人说，他孤身一人，挣那么多钱也没人分享，自然捐了。但是这样无私的做法在当今社会上有几个人做到了？可不管怎样，封平做到了，而且一下子消失在人们的视线之中，连那些为挖新闻无孔不入的记者也寻不到他的踪迹，就像他从未曾出现过、辉煌过。

张朝南，凌厉，封平，三个人，三种人生，仿佛来自三个不同的时空，他们却震撼了太多的人。现在，接着把这三个人的故事讲完。

张朝南不当教师以后，却依然惦记着山里的孩子。最后，他决定去城里打工，想多挣些钱以改变山里的教育现状。可是进城不久，他便发现了挣钱的艰难，而朴实的他也因钱的诱惑而慢慢偏离生命的正轨，开始为了快速挣钱而拼命。

于是，保镖凌厉出现了。变成凌厉之后，他的钱挣得越来越多，每一次想收手时，都想着再干一次，终于身陷囹圄。十年刑满后，他出狱了，由于给太多的大老板当过贴身保镖，经历的商场事件也无人能及，他开始了自己的商场生涯。

几年之后，企业家封平横空出世。企业做大以后，他将这些年赚的钱捐出去建了多少所希望小学，他自己都不知道。如今的他，正在一个遥远的山区，在一个崭新的希望小学里，做着迟缓的敲钟人。在他住处的桌子上，仍然摆着那个小女孩的照片，那女孩就是在那场泥石流中逝去的学生。

（文/包利民）

执着向前

帮助山里的穷孩子是张朝南坚守的梦想，从最初的乡村老师，到以身试法的保镖，最后到横空出世的商界巨子，尽管这条路走得曲折，但他并没有迷失自己的方向，因为他的梦想——改善山里孩子的学习条件像一座灯塔指引着他。

真理常常很简单

为了梦想，心无旁骛，才能收获。其实道理就这么简单，可是，能做到的有几个呢？

路旁有两棵桃树，一棵在篱笆内，一棵在篱笆外。篱笆内的受保护，枝繁叶茂；篱笆外的常被人攀折，疏枝横斜。春天，它们都出开粉红色的花，秋天都结出黄红色的果。不同的是，外面的桃树年年硕果累累，里面的却总是稀疏的几个果实。

我天天走这条路，对这种现象不免困惑。直到有一年去一处果园参观，才知道果实的多寡与枝的疏密有关。正所谓“枝疏者果众，枝密者果少”。

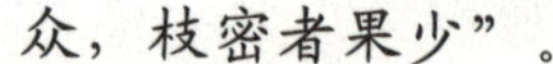

大自然的许多奥妙与人生的某些现象常有相似之处。我有两位朋友，都是搞绘画的，一个在社会上流浪写生，一个在国画院做专职画家。流浪写生的，从城市到乡村，从山野到海滨，新疆、西藏、云南一路画去，食不果腹，衣不避寒，没有学术会议，没有国内国外的参展，心无旁骛，专心作画。而做专职画家的人有十几个头衔，理事、会长、评委、顾问、指导老师，应有尽有。每年的工作也丰富多彩，作画、开会、辅导、义卖、参展、评

奖，不一而足。

1998年，两岸文化艺术节上，他们的画共同在文化宫展出，来自国外和台港澳的人士参观后，花高价买走了流浪画家的所有作品，专职画家的画一幅都没卖出。他很是伤心，我不知如何劝他，只说他们有眼不识金镶玉，我看你的画就不错。不过我知道这根本不是真话。

其实，只要我们将手中不重要的东西都放一放，执着地去追求我们的目标，谁都一样可以成功。

（文/佚名）

执着向前

同样的果树，经过人们攀折的反而结出的果实更多，同样的画家，心无旁骛，专心绘画的人画出来的作品更能让人赏识。这就说明一个道理：在这个世界上，执著的人更容易抵达人生的目标。

擦了五年玻璃后

一个人可以将玻璃擦五年并且擦得很好，很少有人做到，所以最后他的成功是必然的。

他只身从农村来到城市，没有学历，身体单薄，因此只能找点比较轻的体力活干。他到了一家保洁公司，主要工作就是擦玻璃，公司管食宿，每月工资300元。

他很满足，干起活来十分卖力。有人问他：“你这么小，为什么不在家上学，出来受罪赚这点钱？”他说：“我家里穷，父亲瘫了，母亲种地，家里没钱供我上学，我文化太低，能有这份工作已很满足了，每月还能给家里寄点钱呢！”

他在这家保洁公司一直擦玻璃，他的同事换了一批又一批，有的甚至刚做三四天就因为嫌钱少、干活脏走了，而他一直坚守着这个位置。整整五年，他已经是二十多岁的大男孩，这座城市里的写字楼、宾馆、商场他几乎都去服务过多次。他工作一如既往的卖力，一丝不苟，很多顾客还点名要公司派他过来，他简直成了公司的形象代言人。

人们都认识他，很多大公司的老板和他成了熟人和朋友。有一天，有个新来的女孩问他："听说你擦了五年的玻璃，每月只挣300块钱，为什么不换个工作呢？"他笑笑说："会换的。"

有一天，人们熟知的擦玻璃工突然消失了。几天后，一家快餐店开业了，老板就是擦了五年玻璃的他。快餐很适应城市的快节奏，竞争自然异常激烈，而他的快餐店却很快打开了局面。

原因很简单，他在擦玻璃的五年，走遍了每个写字楼、宾馆、商场，结识了里面的人，五年擦玻璃的表现已经给人们留下了深刻的印象。当他的快餐店发展到整个城市的角落，资产逾千万时，认识他的人无不感慨地说："这位老板曾擦了五年的玻璃。"

有记者采访他，问他如何从一个擦玻璃的打工仔开快餐店，并在众多实力雄厚的竞争对手中脱颖而出时。他只说了一句："因为我曾为人擦过五年的玻璃，并且擦得很好！"

（文/佚名）

执着向前

一个没有一技之长的穷小子擦了五年的玻璃，并且擦得很好，他的努力是大家公认的，所以在服务行业里有了名气。面对着大家的不解，只有他自己知道自己心中的目标，并且一直持之以恒地在执着努力，最后他用快餐店的成功告诉我们：做事一定要执着，脚踏实地方可成才。

心理魔方

测试一下，你以后会成为大人物吗？

未来有一天你失业了，你会暂时选择什么工作：

A. 卖玉兰花　　B. 捡破烂

C. 倒垃圾

测试结果：

选A：你非常脚踏实地，有自己的梦想，但是并不遥远。只要增强自信心，总有一天你会成功的。

选B：你不喜欢出风头，觉得平淡生活最好，悠闲过日子当小人物也是一种自在的乐趣。

选C：你非常有恒心，而且冒险精神十足，而且只要一有机会就会争取，而且还会创造很多机会让自己展现最好的一面。

“鸟巢”的首席电工

让我们来看看，鸟巢是如何被一个平凡的农家小伙子点亮的。

2009年3月，一部名为《暴雨将至》的电影在“鸟巢”开机拍摄，电影正是以“鸟巢”的建设者谭双剑的奋斗历程为原型。剧中，谭双剑还担任主演。

1980年，谭双剑出生于河北的一个普通农民家庭。为了减轻父母的压力，让弟弟、妹妹安心上学，初一没读完，他便放下课本，拿起了锄头。

16岁那年，谭双剑不顾家人劝阻，独自登上前往上海的火车。他每天天不亮便从桥洞里“起床”，开始找工作。三天后，谭双剑一路小跑来到一家电子厂。排了几个小时队后，终于轮到他面试了，“学历？”“上过一年初中。”对方白了他一眼说：“上完初中再来吧！”谭双剑立即被后面的人推搡开了。他又找了多家工厂面试，均因学历被挡在了门外。

终于，谭双剑在码头找到了一份扛大包的工作。一上肩就是近百斤，不到两天后颈便磨起了血泡，甩甩胳膊像脱臼了似的。坚持了两个多月，领了两百多元工资，谭双剑辞工回到了老家。

不服输的谭双剑决定再到外面闯一闯，他来到北京。但是在这里与在上海时完全一样，接连奔走了十多天也没有找到一份活儿。就在用身上仅有的五毛钱乘公交车前往郊区找活儿干时，谭双剑透过窗户看到路边有几处在建楼房，赶紧下车。正巧那里的包工头与谭双剑是老乡，所以留他在工地做小工。

一次在顶楼干活，谭双剑注意到几位电工正在楼顶上安装一根粗大的“天线杆”，十分好奇。其中一个工友告诉他：“这叫避雷针，城市里每幢楼房都有。”他暗自揣摩起来：如果能掌握一点技术，至少比当小工有前途啊！

谭双剑开始有意识地留意起这门“有技术含量”的工作。有时电工中午赶活儿，他顾不上吃午饭，戴上安全帽就跑去看人家怎么操作，一来二去与电工成了朋友，不时得到一些指点。

到了年底，许多工人都回老家过年去了，电工尤为紧缺，初步掌握电工技术的谭双剑主动请缨。经过几天的时间，他能独立操作了，工资也比原来高出两倍。

谭双剑并不满足，向同事借来电工进修专业教材，又从书店买回电工书籍，一边自学，一边在实践中摸索。1999年，谭双剑考取了行业认证的高级电工证书。

这年冬天，一家安装公司承接了国家气象局的一项弱电工程。刚去不久，就听说另外一个组安装的配电柜出了故障，谭双剑自告奋勇地站出来：“让我试试吧。”经理有些迟疑：“你行吗？”

他从源头排查起，顺藤摸瓜找到了故障所在，接着又连夜维修起来……20个小时后，故障终于排除，避免了数万元的误工损失！

发工资时，经理额外拿出2000元作为奖励，谭双剑却坚持只收下自己的工资，多一分也不要。经理拍拍他的肩："这个呼机你拿着，等我呼你。"

半个多月后，呼机响了，谭双剑一回电话，果然是经理找他："小谭，有个大活儿，交工时间很紧，你能不能凑点人？"谭双剑一听非常高兴，迅速凑齐一个30人的队伍，每天天不亮就开工，夜里11点才收工，最终抢上了工期。

谭双剑后来还报了夜大学习班。晚上工友都早已入睡，他却还捧着书本研习工程管理方面的知识。两年多时间，谭双剑陆续拿到了建筑行业中的项目经理证、工长证、工程师证等证书。

2002年，谭双剑组建了自己的施工队伍，专门承接电路电气工程。员工越来越多，工程也越接越大，现代城、东方广场、励骏大酒店、友谊医院、外交部等，都留下了谭双剑的身影，一些工程还得了优质奖。

2005年初，经过层层筛选，谭双剑率领他的团队开始奋战在"鸟巢"现场。每次到施工现场，谭双剑都要先关掉手机，像特工

一样“扫描”着现场的每一个细节。工程建设关键阶段，他每天忙得连洗脸都顾不上。

2007年底，谭双剑承揽的弱电工程胜利完工。作为一名建设功臣，他的名字被刻在了纪念柱上，并于8月8日应邀到“鸟巢”现场参加了北京奥运会开幕式！

谈到一路艰辛走来的历程，谭双剑说：“我想告诉和自己一样的朋友，即便榜上无名，只要肯吃苦，善动脑，脚放正，就能趟出一条康庄大道！”

（文/佚名）

执着向前

谭双剑从一个普通的农民家庭出身，从最艰苦的工作做起。通过自己的一步步坚持不懈的努力，最后成为电气工程师，并且在北京奥运会的时候，将鸟巢里面的灯光全部点燃。可以说他是一种伟大，也可以说他是一种奇迹。但是朴实的谭双剑却告诉我们，无论什么事情都要执着地去坚持，任何艰苦的道路都要去走。

从一粒米成功

米店要想成功就要有特色，做人也一样。

提起台湾首富王永庆，几乎无人不晓。他把台湾塑胶集团推进到世界化工业的前50名。而在创业初期，他做的还只是卖米的小本生意。

王永庆早年因家贫读不起书，只好去做买卖。16岁的王永庆从老家来到嘉义开一家米店。那时，小小的嘉义已有米店近30家，竞争非常激烈。当时仅有200元资金的王永庆，只能在一条偏僻的巷子里承租一个很小的铺面。他的米店开办最晚，规模最小，更谈不上知名度了，没有任何优势。在新开张的那段日子里，生意冷冷清清，门可罗雀。

刚开始，王永庆曾背着米挨家挨户去推销，一天下来，人不仅累得够呛，效果也不太好。谁会去买一个小商贩上门推销的米呢？可怎样才能打开销路呢？王永庆决定从每一粒米上打开突破口。那时候的台湾，农民还处在手工作业状态，由于稻谷收割与加工的技术落后，很多小石子之类的杂物很容易掺杂在米里。人们在做饭之前，都要淘好几次米，很不方便。但大家都已见怪不怪，习以为常了。

王永庆却从这司空见惯中找到了切入点。他和两个弟弟一齐动手，一点一点地将夹杂在米里的秕糠、砂石之类的杂物捡出来，然后再卖。

一时间，小镇上的主妇们都说，王永庆卖的米质量好，省去了淘米的麻烦。这样，一传十，十传百，米店的生意日渐红火起来。

王永庆并没有就此满足。他还要在米上下大功夫。那时候，顾客都是上门买米，自己运送回家。这对年轻人来说不算什么，但对一些上了年纪的人，就是一个大大的不便了。然而那个时候，年轻人大多无暇顾及家务，买米的顾客也以老年人居多。王永庆注意到这一细节，于是主动送米上门。这一方便顾客的服务措施同样大受欢迎。当时还没有“送货上门”一说，增加这一服务项目等于是一项创举。

王永庆送米，并非送到顾客家门口了事，还要将米倒进米缸里。如果米缸里还有陈米，他就将旧米倒出来，把米缸擦干净，再把新米倒进去，然后将旧米放回上层。这样，陈米就不至于因存放过久而变质。王永庆这一精细的服务令顾客深受感动，赢得了很多的顾客。

如果给新顾客送米，王永庆就细心记下这户人家米缸的容量，并且问明家里有多少人吃饭，几个大人、几个小孩，每人饭量如何，据此估计该户人家下次买米的大概时间，记在本子上。到时候，不等顾客上门，他就主动将相应数量的米送到客户家里。

王永庆精细、务实的服务，使嘉义人都知道在米市马路尽头的巷子里，有一个卖好米并送货上门的王永庆。有了知名度后，王永庆的生意更加红火起来。这样，经过一年多的资金积累和客户积累，王永庆便自己办了个碾米厂，在最繁华热闹的临街处租了一处比原来大好几倍的房子，临街做铺面，里间做碾米厂。

就这样，王永庆从小小的米店生意开始了他后来问鼎台湾首富的事业。

（文/佚名）

执着向前

王永庆从小本生意开米店做起，从生意冷清到做出自己的特色，他的那份执着为自己赢得了信誉。从王永庆成功的故事可以看出，不要以为成就都是轰轰烈烈、惊天动地的。其实坚持在一粒米上下功夫，同样可以创造出惊人的成绩。

把茶庄开在喝咖啡的国度

让习惯喝咖啡的人们开始品尝浓茶，看起来不可思议，但是执着可以让这件事成为现实。

1987年，她14岁，在湖南益阳的一个小镇卖茶，1毛钱一杯。因为她的茶杯比别人大一号，所以卖得最快。那时，她总是快乐地忙碌着。

1990年，她17岁，她把卖茶的摊点搬到了益阳市，并且改卖当地特有的“擂茶”。擂茶制作比较麻烦，但却可以卖出好价钱。那时，她的小生意总是忙忙碌碌。

1993年，她20岁，仍在卖茶，不过卖的地点又变了，在省城长沙，摊点也变成了小店面。客人进门后，必能品尝到热乎乎的香

茶，在尽情享用后，他们或多或少会掏钱再拎上一两袋茶叶。

1997年，她24岁，长达十年的光阴，她始终在茶叶与茶水间滚打。这时，她已经拥有37家茶庄，遍布于长沙、西安、深圳、上海等地。福建安溪、浙江杭州的茶商们一提起她的名字，无不竖起大拇指。

2003年，她30岁，她的最大梦想实现了。“在本来习惯于喝咖啡的国度里，也有洋溢着茶叶清香的茶庄出现，那就是我开的……”说这句话时，她已经把茶庄开到了香港和新加坡。

任何伟大的事业，都成于坚持不懈，毁于半途而废。其实，世间最容易的事是坚持；最难的事也是坚持。说它容易，是因为只要愿意，人人都能做到；说它难，是因为能真正坚持下来的，终究只是少数人。巴斯德有句名言“告诉你使我达到目标的奥秘吧，我唯一的力量就是我的执着精神。”

（文/佚名）

执着向前

她从小就对茶有浓厚的兴趣，最初的梦想就是将茶馆开在喝咖啡的国度。我们都会认为不可能，但是她做到了，我们要问为什么。其实很简单，上帝不会为难任何一个执着的人，只要坚持地走好自己的路，你离目标就会越来越近。

阅读

不要认为读书是一件枯燥乏味的事，其实书中有很多我们课堂上学不到的知识。从这个周末开始，坚持每周阅读一篇科普知识方面的文章，不久以后你一定会有很大的收获。

请父母根据孩子平时的表现为孩子打打分。

经常3分　　偶尔2分　　从来没有过1分

1. 对于长时间解答不出来的问题就轻易放弃	3分○	2分○	1分○
2. 有良好的阅读习惯	3分○	2分○	1分○
3. 喜欢写书法	3分○	2分○	1分○
4. 喜欢听流行音乐	3分○	2分○	1分○
5. 总是改变自己的理想	3分○	2分○	1分○

父母签字：________

九十九步胜过百步

我们都在努力朝着一百步的目标前进，可曾想过，

有时九十九步胜过百步！

一位年过四十的朋友要离家去异地的艺术学院进修。饯行会上，大家你一言我一语，都是鼓励、勉励、激励，每个人都擦亮了眼睛，看她如看名贵瓷器被时光的软布擦拭得越来越亮，灿烂辉煌，直到有人语重心长，提出人生四原则。那个人说："做人要分四步走：第一，坚持，第二，坚持，第三，坚持，第四……放弃。千万千万，要记得。"

一瞬间豁然开朗。长久以来，我们的思维都进入了误区，总觉得执着是好的，坚持是好的，百折不挠是最好的，要想达到目的，这是最有力的"捷径"了：只要执着、坚持、百折不挠，就一定能"1＋1＝2"，奋斗和成功之间可以直接画等号。其实，哪有这回事呢？

一次作协会上，我结识了一位文友，她头发花白，皱纹纵横，看不出多大年岁，反正儿子都快大学毕业了。她告诉我，自己从十几岁走上文学之路，到现在"发表了十几篇文章呢"！而且这好几

十年的工夫，攒了满满两大箱手稿，大部分纸页都发了黄，就等着有一天能大名远扬，以往的这些东西就可以全部拿去发表。

她一边说，一边拿出厚厚一摞文章让我看：文笔嫩，主题老，用写报告的手法写小说，用歌颂太阳的口吻写散文，居然这样写啊写的写了一辈子。

她一边端详我的脸色，一边问：“行不行？好不好？”我支支吾吾地说：“还，还不错。”她受了鼓励，说：“谢谢你！我会一直坚持下去的！”我吓一跳，条件反射地叫：“别！”“为什么？”

看着她探询的目光，我不知道该怎么说。她的精神我很敬佩，可是，她的做法却是错的。爱一个人，爱一件事，爱一份事业，爱到全情投入，那敢情好，可是一定要有一丝丝的理智用来衡量值不值得。文学是高尚神圣的，这不错，可是，文学也很凉薄，为她献身，她还得考量一下，你有没有这个底气和这个本事呢？虽说“将相神仙，也要凡人做”，毕竟不是随便哪个凡人都能出将入相的。所以，不要盲目献身啊。

她生气了：“连你也小看我？你怎么就知道我得不了诺贝尔文学奖！” 我被噎住了。

很多时候，我们的人生就毁在了过分执着上。所谓“百折不挠”，那是有前提的。不用说，方向错误一定会南辕北辙，可是就算方向正确又怎样？一路冲着顶峰狂奔而去，能不能攀上顶峰不说，那份不肯左右枉顾的劲儿，会屏蔽掉沿途多少大好风光？

其实，从内心深处来讲，人都是有“自知之明”的，会大略估量得出自己和顶峰之间的距离。可是有时候明知差得很多，仍会受所谓“百折不挠”的蛊惑，拼命往前跑跑跑，心里想着就算到不了顶，也是挺悲壮的，为了这份悲壮，累死也值得。

真值得吗？还是在害怕？怕中途放弃会被人笑，怕半路转身自己后悔，怕来怕去，如骑疯虎，下不来了。整个坚持的过程，其实就是在拔河，眼睁睁看着自己的生命像条绳子，被抻着、拉着、扯着、拽着，然后“嘎嘣”一声，断了……

做人总要明智些，适当地示弱、认输、放弃，并没有什么不好。“坚持”这回事，做到九十九分就可以了，留下一分力气好转身；“执着”这张试卷，答满九十九分也就足够了，留下一分，好回头。为什么非得要百折不挠？九十九折之后，爬起来，拍拍土，步向另一个方向，既尊重了生命，又善待了生活。

这，大概就是一百步和九十九步的区别。

（文/佚名）

执着向前

执着不等于蛮干，明知道不适合自己的事情，却坚信“只要功夫深，铁杵磨成针”，撞到南墙也不回头，这样的人只是在白白浪费自己的时间和精力，而且可能因此错过真正适合自己的事情。执着应是在方向正确可行的前提下的执着，只有这样，才能成功！

一条拒绝沉没的船

米基·洛克就像是一条拒绝沉没的船，勇敢而执着。

他还很小的时候，父母就离异了。他常常被别的孩子一次次打倒在地，不甘受欺负的他迷恋上了拳击，骨子里的硬气，激励他成为像拳王阿里那样的传奇英雄。

高中毕业以后，他踏上了职业拳击手之路，不服输的他曾创下5年内17次击倒对手的骄人战绩。但在1971年的一场拳击比赛中，他脑部受到了对手的致命重创。无可奈何，他含泪告别了拳坛。

身无分文的他只身来到纽约，抱着试试看的想法，参加了一个演员培训班，白天靠打工维持生计，晚上拼命学习表演。默默地跑了足足7年龙套之后，1979年，22岁的他得到了一个宝贵的机会，在大导演斯蒂芬•斯皮尔伯格执导的《1941》中充当了一个小角色，踏入了好莱坞之门。就这样，他一步步走出困厄。

1983年，他可谓“春风得意马蹄疾，一日看尽长安花”，主演了电影《局外人》

和《斗鱼》。这两部大戏，他的戏码很重，演得也格外出彩，一时间好评如潮。他的形象深入人心，被评为“美国最性感男人”。年少轻狂的他开始目空一切，生活也更加放荡不羁。但命运之神摇摇头，为他打开另一扇门。他主演的黑帮片《龙年》，由于讲述的是美国警察对抗纽约华人黑帮的故事，上映后遭遇到了当地华人的强烈抵制，票房惨败，这对于正扶摇直上的他是个不小的打击。性格暴戾的他决定重返拳坛。

4年的职业拳击手生涯虽然算得上战功彪炳，只可惜代价太惨重。沉溺酒精，还有对手疯狂的击打，都让大帅哥的脸开始严重变形。更惨的是整容还碰上庸医，嘴被整得干瘪，额头因为注射了玻尿酸变得不再生动。从他的脸上，已经看不到当年那个好莱坞宠儿的一丝影子，脑子也在无数次无情的击打中严重受损。无奈的他再一次回到影坛，渴望东山再起。由于不能收敛自己火暴的脾气，1994年，他因被控家庭暴力而锒铛入狱。

残缺不堪、反复无常的命运令不能左右自己情绪的他痛苦万分，甚至一度想到了结束自己的生命。但当看到自己的那个亲密朋友吉娃娃Loki可怜巴巴地看着自己，似乎在说：“如果你死了，谁来照顾我？”他便打消了可耻的想法，他不忍心看着这条陪伴自己12年的老狗无人照看。于是，他决定振作起来，第三次杀回影坛。

再次杀回影坛的他英俊消逝，时光也将他的尖锐磨平。屏幕上多了一张熟悉而又陌生的“新面孔”。斑驳的脸、花白的头发和永远都叼着的烟，一个中规中矩、内心平静的个性演员。在《罪恶之城》中，他扮演了面目狰狞、心地善良的壮汉马弗，他为了心爱的人而豁出性命去复仇，这部影片获得了影迷的认可，他也再次赢得了关注。

新影片《摔角王》再一次给了他重新实现自己的绝好机会。现实中的他和片中主人公兰迪的境遇如此相像，他觉得就像是自己在演自己。不同的是，兰迪倒在了摔角场中，而他重新站了起来，保持一个男人的胜利姿势。《摔角王》不仅获得了威尼斯金狮奖，也为他赢得了多个最佳男主角的提名。

英国一家船舶博物馆收藏了一条船，这条船自下水以来，138次遭遇冰山，116次触礁，27次被风暴折断桅杆，13次起火，但是它一直没有沉没。伤痕累累依然勇往直前、拒绝沉没，这是一条船的启示，这是一部戏的内涵，这是一个人的精神。他就是伟大的米基·洛克。

（文/梁阁亭）

执着向前

米基·洛克从最初的拳王到经历演艺界的衰败，他并没有因为一次次的磨难而退缩，因为他的心里一直有执着的信念，他知道自己的努力不会是徒劳。

最后米基·洛克重新回到演艺事业，取得了非凡的成就。他的故事带给我们：一个角色，一股力量，一种精神。

心理魔方

从吃肉看你有没有野心

一大桌丰盛的菜肴，你最喜欢吃其中的哪种肉类：

A. 牛肉　　B. 鸡肉

C. 猪肉

测试结果：

选A：头号野心分子，野心指数★★★★★

选B：安于现状，不求进取，野心指数★★

选C：别人的成绩会激发你的野心，野心指数★★★★

只差一声鸡鸣

人们是怎样从米的白、高粱的红、葡萄的紫里发现了酒的透明与清醇呢？

传说有两个人与神仙邂逅，神仙传授他们酿酒之法，叫他们选端阳那天饱满起来的米，冰雪初融时高山流泉的水，调和了，注入深幽无人处千年紫砂土铸成的陶瓮，再用初夏第一张看见朝阳的新荷覆紧，密闭七七四十九天，直到鸡叫三遍后方可启封。

像每一个传说里的英雄一样，他们历尽千辛万苦，找齐了所有的材料，连同梦想一起调和密封，然后潜心等待那个时刻。

多么漫长的等待啊。第四十九天到了，两人整夜都不能寐，等着鸡鸣的声音。远远地，传来了第一声鸡鸣，过了很久，依稀响起

了第二声。第三遍鸡鸣到底什么时候才会来？其中一个再也忍不住了，他打开了他的陶瓮，惊呆了，里面的一汪水，像醋一样酸。大错已经铸成，不可挽回，他失望地把它洒在了地上。

而另外一个，虽然也是按捺不住想要伸手，却还是咬着牙，坚持到了三遍鸡鸣响彻天光。

多么甘甜清澈的酒啊！只是多等了一刻而已。从此，“酒”与“洒”的区别，就只在那看似非常普通的一横。

看看我们身边的许多成功者，他们与失败者的区别，往往不是机遇或是更聪明的头脑，只在于成功者多坚持了一刻。有时是一年，有时是一天，有时，仅仅只是一遍鸡鸣而已。

（文/佚名）

执着向前

只要你的心中有酿酒的信念，你就不会只差一声鸡鸣就打开酒坛。就像文中的两个人，为什么一个成功一个失败，就是因为失败的人信念不够坚定，对自己的目标不够执着。成功不在于你多聪明，因为聪明只是少数人的天赋。成功的人需要执着，你的面前是一座大山，挡住你脚步的其实是你自己的脚。

命运就攥在自己手里

一棵树，能否成为栋梁之材，不是木匠来决定，而是由树自己说了算。

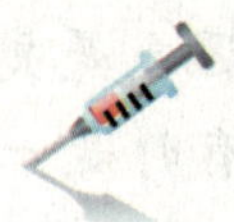

读初二的时候，我的成绩很差，尽管我已经用了心，可英语考试成绩总是个位数，数学总是不及格。在盛行统考的年代里，我这样拖累全班成绩的“差生”是各科老师的“眼中钉”，老师们巴不得我能退学回家。要不是怕见到母亲辛苦劳作的样子和父亲期待的目光，我早就顺从老师的心愿退学了。

又是一个快要统考的日子，英语老师把我和其他几位“差生”单独留下来开会，让我们考试时“消失”，最好以后也不要来上学了，直言我们不是读书的料，不如早点回去学个手艺挣钱，他甚至还讪笑着劝我继承父亲的木匠手艺。

我当时真是气极了。受了老师的打击，我毫无生气地背着书包往家的方向走去，脑子里回想着如何回家跟父亲说，没想到在路上遇着了出来替东家

买钉子的父亲。他见我的样子不对劲，就追问为什么。因为父亲当时赶时间，就把我抱到他的自行车后座上，边走边跟我说话。

憨实的我不会撒谎，就一边流泪，一边叙说了事情的经过。听完我的话，余下的一段路上父亲默默无语。

我知道，我又让父亲伤心了。到了东家，父亲从车后座上抱下我，问："你还愿意上学吗？"

面对父亲的目光，我知道父亲的心思，点了点头。父亲拍了一下我的肩膀："好，有种！我支持你上学。但你要记住，是不是块读书的料不是老师说了算，而要看你自己的。来，你看！"

说着，父亲把我领进他的工场，指着一根杉木说："它既粗又直，就该放到屋上做栋梁。"又指着一根榆木说："它既细又曲，除了根部可做个桌腿外，其余的部分只能劈柴烧。杉木、榆木的功用不是我们木匠定的，而是它们自身长成的，我想把它们倒过来都不成。你就像一棵小树苗，能否长成栋梁不在别人怎么说，而在于你怎么干，命运就攥在你自己的手里！"

"命运就攥在你自己的手里！"这句朴实的话让我回到了课堂，开始没日没夜地拼命。尽管初中毕业时我仍没有冒尖，但"差生"的帽子被摘掉了；进入高中，我时时铭记着父亲的话，开始跃居班级的前列、年级的榜首，最终考进了大学，成为全村第一位大学生，这一次我轰动了全村。

临上大学前，父亲背着行李送我，很不好意思地说：“孩子，家里穷，实在没有好东西给你。”

我说：“不，你已经送了我最宝贵的东西。你那句‘命运就攥在你自己的手里’使我受用终生，这就是给我的最好礼物。”

（文/佚名）

执着向前

在任何人的成长道路上，都有被否定的时候，不是每个人都是在赞扬中成长起来的。事实上别人的否定或是肯定并不是主要的，重要的是你自己是否执着。

能够把握未来的只有我们自己，此时的快乐或是不快乐都不能代表未来的幸福和成功，如果你想让自己成材，就把握好自己的现在，坚持自己的梦想。

努力奔跑

我没有雨伞，所以下大雨时，别人可以撑着伞慢慢走，而我必须努力奔跑……

小时候，我家很穷。母亲在我3岁那年，跟奶奶闹矛盾，离家打工，十几年没有回过家。从小我就跟着父亲生活，他会打一手快板。他这一辈子，也就靠这竹板，找到一些活着的乐趣。

因为家里穷，我读书的钱，都是向村里的大叔大伯们借的。我还记得上初二时，夏天到了，我唯一的一双布鞋破了，脚趾从里面露出来。第三节是体育课，为了不让同学们看笑话，我偷偷地把半张报纸折好，垫进鞋子里。可是在跳远时，我用力一蹬，随着溅起的黄沙，我的一双布鞋彻底寿终正寝了，鞋帮与鞋底脱离，半个脚掌露了出来。

“轰”的一声，同学们都笑起来，我面红耳赤。

我知道家里穷，不敢向父亲开口。那时我多想要一双塑料凉鞋呀，同学们都穿着漂亮的凉鞋，有的还穿着丝袜，而我自己呢，只能一直赤脚上学。

有一天傍晚，快放学了，班主任程老师把我叫到办公室。她翻开一沓试卷，告诉我数学考了100分。我高兴极了。程老师拉开抽屉，从办公桌里掏出一个纸盒，笑着对我说：“拿去吧，这是你的奖品！”我打开，竟然是一双崭新的凉鞋。

从那时开始，我下定决心要好好读书。我的成绩一直保持在班里的前10名，直到高三。

填报大学志愿时，我矛盾了很久。家里的情况，只允许我上军校，因为上军校是免学费的。这几年读书，我已经让家里欠下了不少债。但我自己却希望成为一名演员。

在学校除了读书，我还参加了好几个社团，经常给同学们表演快板、小品什么的。可是我不会跳舞，不会弹钢琴，也不会声乐。程老师说：“你嗓子好，可以试试考表演。”离考试只有一个月，我就天天对着学校的VCD学。艺术考试时，我表演了一段快板，让考官们非常感兴趣。

我就这样进了当时的北京广播学院。全国有8000多人在争20个名额，而我这样一个没有什么特长的农村小子，却进了“北广”！

到北京上大学以前，我一无所有，什么都不懂。电影都没看过几部，邻居家里的黑白电视机也只能收到一个台。到了北京，和人说话都会紧张……但是我告诉自己，要挺住，要坚强。刚进校时，班上23个同学，我排在第16名，一年下来，我成为了第一名。

从大一开始，我一边打工，一边挣自己的生活费。班上的同

学几乎都来自城市，有的家境好，有的是艺术世家，吃穿不用愁，机会也多。我没有，我必须从演每一个小角色做起。演完时，导演能问一下我的名字，那就是最大的成功，因为也许下次有更好的机会。

大一那一年，中央电视台“梦想剧场”做我们学校的专场，导演来选人，我被选上了。导演很欣赏我的表演，后来让我一起做栏目，还担任了一段时间副导演。现在我每个月平均有10天在拍戏、配音。每天的生活，就是不间断地干活，干活，再干活，多的时候一天能挣到1000元钱。前些天，我给父亲写信，告诉他：上学贷的款，年底就能还清了。父亲看到，一定会很开心。

到现在，我还珍藏着那双凉鞋。我永远记得程老师送我鞋子的时候，额外叮嘱我的几句话：“你是一个没有雨伞的孩子，下大雨时，人家可以撑着伞慢慢走，但你必须跑……”

（文/佚名）

执着向前

一个山沟里的穷孩子，连一双凉鞋都穿不起，却靠自己的努力考上了大学，进了北广。从那一双凉鞋开始，他就知道，一切都得靠自己，你比别人拥有的少，就必须付出比别人更多的努力。让自己不被落下，唯一的办法，就是一直努力地奔跑。

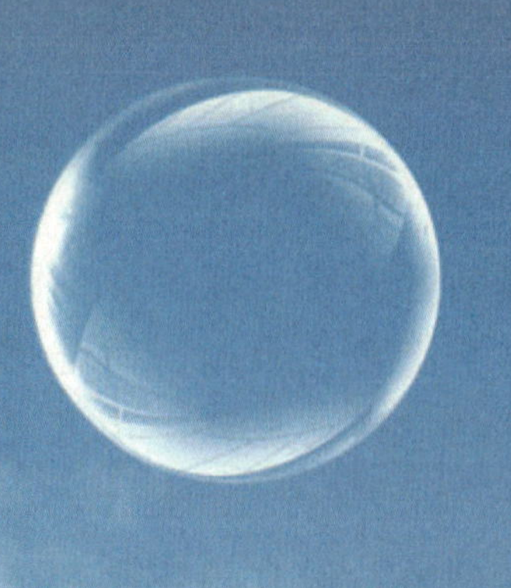

挺起脊梁做人

6岁时，他在父亲的逼迫下含泪跪下了；走出山寨的他，却大声地疾呼，为了尊严，不要下跪。

李玉平于1984年10月12日出生在以“乞丐村”闻名的甘肃省岷县小寨村。从小他就被爸爸多次领到大城市去乞讨。他记忆最深的是6岁那年，他第一次被父亲强行拉着出远门到成都去乞讨。

当晚，父子俩就住在郊区一个破砖瓦厂里，晚上，没被子盖就盖草苫子。第二天，父亲领着他步行十多里，来到闹市区。当没容他多想，父亲命令他在自己的身后跪下。他倔，梗着脖子不愿跪。

父亲低吼着威吓他：“跪下！小心揍扁了你。”他只得含泪跪下了。

跪着的父亲边作揖边向过路人喊着“可怜可怜我这没娘的孩子吧，两天没吃东西了。你们就是救苦救难的活菩萨！”

第二年同样的季节，父亲又强行带他到成都去乞讨。20多天后，父子俩被警察逮住了。警察教训父亲说：“这小孩本该到学校好好读书，你做父亲的亏心不亏心呀？”

8岁那年，当父亲又要带他出去乞讨时，他坚决不肯。父亲狠狠地揍了他一顿，他没有屈服，发誓说：“你打死我，我也不去了！”父亲问：“那你想干啥？”他脱口而出：“我要读书上大学！”父子俩僵持着，最终，父亲到底点头了。

就这样，当小寨村的同龄小孩随同大人外出乞讨时，8岁的李玉平上了村小。1997年9月，李玉平以优异成绩考进了中寨中学读初中。2000年9月，李玉平考上了岷县重点高中县一中。

这时父亲仿佛看到儿子未来的一丝希望，再也不叫他出去乞讨了。父亲毅然找人借了800元高利贷，叫他去读高中。

开学那天，不到16岁的李玉平步行60多里到一中报了名。学校集体宿舍住不起，他与几个贫困的孩子租外面的简陋房子住。自己做饭吃，买来煤油炉，用家里带来的一个舀水铁瓢当锅用。

3年后，他以405分的成绩考入湖北荆州国土资源职业技术学院。虽然这类大学与他的希望有差距，但他仍然成为小寨村有史以来的第一个大学生。

儿子考上大学，父母深感自豪。为筹措高昂的学费，父母又狠心借来5000多元的高利贷。临报到那天，怀揣着家里凑齐的7000元，李玉平强忍着泪水向爸爸妈妈深深鞠了一躬，说：“爸妈我走了！”

在湖北荆州国土资源职业技术学院，李玉平每天的伙食费不超过5元，但这并不妨碍他满怀激情地遨游在知识的海洋里。在电子网络系他很快出类拔萃，不久成了该系的学生会主席。

2005年5月中旬的一天，一件在别人看来也许极普通的事情却给了他致命的一击。

那天傍晚，校门附近，他发现一个年约60岁的老人正伸出一只肮脏的破碗向一个商店的年轻老板乞讨。他边诉说着自己的可怜境况，边扑通一声跪下来：“大哥大叔行行好吧！”

见此情景，李玉平的脸腾地烧了起来，天哪！这个下跪的老乞丐竟是自己老家的邻居薛大叔。薛大叔一扭头也认出了李玉平。李玉平冲过去，一把夺过薛大叔的碗，然后跑到水龙头前，将黑乎乎的破碗冲洗了五六遍。接着他跑到学校食堂打来满满一碗饭菜，把薛大叔领到一个角落，递给他。

这个晚上，李玉平一夜无眠，他脑海里怒涛汹涌：下跪乞讨，乞讨下跪！儿时酸楚的经历、小寨村男女老少成群结队外出下跪乞讨的情景历历在目，仿佛一堆点着的干柴，灼烧着他的心灵和神经，激发了他拯救小寨人灵魂的想法。

他爬起床，饱蘸浓情，写了一封《致全乡中小学生的信》："你这一跪，为今后的生活开了一个乞讨的先例；这一跪，丢掉了做人的尊严……"字里行间，充满了忧虑和悲悯。第二天，他将用心血写成的信寄给了在中寨中学当校长的堂哥李平，希望他在学生中进行"拒讨"教育。

2005年暑假时，李玉平千里迢迢赶回了家乡。他要为拯救乡亲们的灵魂去呐喊、去有所作为。

每天晚上，他挨家挨户去说服人们。忙忙碌碌十天下来，成效显著：原准备外出乞讨的五六十户人家表示再不去丢那个人了。

但是，单靠个人与强大的陋习去抗衡，力量是多么微弱啊。李玉平多么需要有人能助他一臂之力！果真来人了。他们就是《南方周末》和一些地方报的记者。李玉平一一热心地满足了他们要了解当地情况的要求。当然李玉平是有条件的，这就是必须为拯救小寨人的灵魂、抢救小寨村的孩子大声疾呼。各家媒体记者果然信守诺言。

9月上旬，刚刚回到母校的李玉平被央视"新闻会客厅"栏目请到北京做了一期节目。

采访结束，记者郑重地问："李玉平，你知道你的家乡文化人是怎么评价你的吗？"

"骂我是个叛徒吧？"

"不，他们说对于小寨村，你是当代的普罗米修斯，你那把火烧得好哇。烧醒了沉睡了几个世纪的小寨村人的羞耻感，小寨人开始觉醒了！"从记者那里李玉平还得知，媒体这样一"轰炸"，"炸"得当地各级政府更加重视"小寨现象"。他们相继出台了一些对小寨村的扶持政策，一些特困户还得到了政府三四千元的补助，使村里适龄儿童的辍学率大大降低。当地中小学都在进行"禁讨教育"……

李玉平欣慰地笑了。

（文/佚名）

执着向前

别人对李玉平的评价没错，他就是小山寨里的普罗米修斯，他不在乎别人怎样评价，他坚持用自己的声音唤回小山寨的尊严。

要改变一个人很难，要改变一个村，改变一种习俗更是难上加难。面对这样的困难，李玉平没有停住他的脚步，他从改变自己做起，在改变了自己的命运之后，又开始改变整个小寨村的命运，并为此想尽了各种办法。是信念支撑着他，是执着推动着他，这件难上加难的事情，他办到了！

坚持下去

如果你有了一个解决问题的好办法，但是所有人都不认可你，怎么办？现在就为自己做一个规定，坚持自己的想法，并耐心地解释给大家，直到大家都认同为止。

请父母根据孩子平时的表现为孩子打打分。

经常3分　偶尔2分　从来没有过1分

1. 不说大话，凡事落实于实际	3分○	2分○	1分○
2. 为做一个手工模型而忘了吃饭	3分○	2分○	1分○
3. 经常与同学因为一道题的答案不同而争论	3分○	2分○	1分○
4. 对不懂的问题一定要追问到底	3分○	2分○	1分○
5. 性格倔强，比较难于说服	3分○	2分○	1分○

父母签字：________

一生只做一件事

专心学会一门手艺，远比门门手艺都会一点实惠得多。

我家门前有两家卖老豆腐的小店。一家叫“潘记”，另一家叫“张记”。两家店是同时开张的。刚开始，“潘记”生意十分兴隆，吃老豆腐的人得排队等候，来得晚就吃不上了。潘记的特点是：豆腐做得很结实，口感好，给的量特别大。

相比之下，张记老豆腐就不一样了，首先是豆腐做得软，软得像汤汁，不成形状；其次是给的豆腐少，加的汤多，一碗老豆腐半碗多汤。因此，有一段时间，张记的门前冷冷清清。

有一天早上，因为我起床晚了，只好来到张记的豆腐店。

吃完了一碗老豆腐，老板走过来，笑着问我豆腐怎么样。我实话实说：“味道还行，就是豆腐有点软。”老板笑了笑，竟有几分满意的样子。

我说：“你怎么不学学潘记，把豆腐做得结实一点呀？”老板反问我：“我为什么要学他？”沉思了一下，老板自我解释说：“你是说，来我这边吃豆腐的人少，是吗？”我点点头。老板建议我两个月以后再来，看看是不是会有变化。

大概一个多月后，张记的门前居然真的排起了长队。我很好奇，也排队买了一碗，看看碗里的豆腐，仍然是稀稀的汤汁，和以前没什么两样，吃起来，也是从前的味道。老板脸上仍然挂着憨厚的笑，我也笑着问："能告诉我这其中的秘诀吗？"

老板说："其实，我和潘记的老板是师兄弟。"我有些惊讶："但你们做的豆腐不一样呀？"老板说："是不一样。我师兄做的豆腐确实好，但我的豆腐汤是加入好几种骨头，再配上调料，再经过12个小时熬制而成的，师兄在这方面就不如我了。"见我还有些不解，老板继续解释："这是我师傅特意传授给我们的。师傅说，生意要想长远，就必须有自己的特长。师傅还告诉我们，'吃'的生意最难做，因为众口难调，人的口味是不断变化的，即使是山珍海味，经常吃也会烦。

因此师傅传给我们不同手艺。这样，人们吃腻了我师兄的豆

腐，就会到我这里来喝汤。时间长了，人们还会回到我师兄那里。再过一段时间，人们又会来我这里。这样，我们师兄弟的生意就能比较长远地做下去，并且互不影响。”

我试探地问：“那么，你难道就不想跟师兄学做豆腐吗？”

老板却说：“师傅告诉我们，能做精一件事就不容易了。有时候，你想样样精，结果样样差。对于一件事执着就够了！”

（文/佚名）

执着向前

两个老板，两种做豆腐的手艺，但凭借什么他们都可以长久地做下去呢？原因就在于他们各有所长，坚持自己的做豆腐手法。人们的胃口会变，但是变换的最终结果是让彼此都有发展的空间。

做人不需要什么都会，但是不能没有特长，什么都不会。坚持自己的事，即使别人做得再好，或许那并不适合你，你的坚持迟早会让你有所收获的。

要用一生去建造的房子

一个不够执着的老木匠没有用心建造的房子，最后却是自己的家。

一位技艺高超的工匠即将退休，老板对他说：“再建好最后一座房子，你就可以退休了。”

老工匠答应了。他开始着手建这座自己最后一次建造的房屋，但它的质量却远远不能与原来的那些同日而语：地基松软、房体倾斜、墙皮粗糙。因为他的心思早就不在房子上了。

临走那天，老板交给他一把钥匙，说：公司通过了一个决议，决定把这座房子送给你，作为你一辈子献身建筑业的奖励。

此时，老工匠却无法面带微笑地去接受这个惊喜，他绝没想到，自己一生中的唯一败笔之作竟成了他以后的安身立命之所，他将在这间房屋里面用余生去咀嚼那份自己亲手酿造的懊恼和耻辱！

老工匠没建好的房屋岂止这一座，其实，就在他心猿意马的建造最后一座房子时，心中另一座即将完工的房子也随之坍塌。

老木匠心中的这间房屋需要他用一生的时间去建造。房屋的名字就叫“执着”。

（文/佚名）

执着向前

技艺高超的老木匠因为要退休了，所以在建造最后一座房子的时候，失去了以往的认真，只是草草了事，可是没有想到的是他最后建造的房子是老板送给他的最后礼物，可是一切已经没有挽回的机会了。

其实，用心建造房子和做人是一个道理。生活中我们难免会因为马上就完成一件事而放松自己，但是凡事重在收尾。就像文中的老木匠一样，即使一生都很认真地在建造房子，唯独在建造最后一间房子时放松了自己，而结果却害了自己。做什么事都认真地去完成，既不会给自己留下遗憾，也不会伤害到别人。

冰的执着

冰在阳光下可以融化，所以阳光下是最需要冰的地方。

有两个孩子从家中偷了一些水果和奶制品，跑到野外去玩。那时还没有保存食物的方法，看着吃剩的食物在阳光下坏掉，他们没有一点儿办法。

后来，两个孩子上了中学，他们依然是好朋友。一次，沿着冰封的湖畔散步，那个叫图德的孩子突然说：“还记得咱们从家里偷东西出来吃的事吗？”另一个孩子说：“当然记得，只可惜剩下的食物都坏掉了！”图德指着湖面问：“看见那些冰了吗？”“这里的冬天到处都是冰，没有什么大惊小怪的。”图德兴奋地说：“为什么不把这些冰收集起来，运到炎热的加勒比海的一些港口去销售呢？”那个孩子嘲笑他说：“别傻了，冰到了那里早化成水了！”可图德的目光依然注视着湖面上的冰。

几年后，也就是1806年，21岁的图德再次找到当年的朋友，想让他和自己一起做卖冰的生意，可朋友再次拒绝了他，并劝他别异想天开。后来，在别人的资助下，图德花了一万美元将130吨冰用船运往酷热的马提尼克岛。

此后，图德在15年的时间里，把冰的生意做到了世界各地，满足了人们对冰镇饮料、冰藏水果和冷藏肉类的需求。

到了1858年，图德把15万吨冰先后装上了380条大船运往美国、中国、菲律宾和澳大利亚等五十多个国家和地区，而图德也因此成为世界冰王和亿万富翁。而图德更大的贡献在于：若干年后，科学家们从他的做法中受到了启发，发明了冰箱。

当年嘲笑图德的朋友，则一直过着普通的生活。因为他没有想到，冰虽然遇热就化，但冰的价值却唯有在炎热的地方才能凸现。

（文/佚名）

执着向前

图德从小时候的食物腐坏，到冰湖边散步这两件小事联想到卖冰，他的成功看似偶然，实为必然。是专注的力量、执着的精神让他成功。冰的价值只有在炎热的地方才能体现，而智慧的价值只有在执着的过程中才能出现。

做甜品的原则

坚持自己的原则，不为花里胡哨的外表所欺骗，才是最终获胜的法宝。

我父亲经营着一家小甜品店，整天在甜品店忙碌的父亲，面对顾客的时候总是一副谦卑的形象。

突然有一天，小区来了两个漂亮的女孩，她们居然在父亲的甜品店对面也开了一家甜品店。由于她们的甜品店装饰别致，一时间顾客盈门。

一年一度的甜品大赛又到了，我和很多人心里都非常清楚，今年的甜品大赛冠军非那两位女孩莫属。只有父亲一副胸有成竹的样子，他说："乔恩，今年比赛就由你来当我的助手吧。"

果然，比赛现场的气氛比我想像的还要糟糕，最后上台比赛的

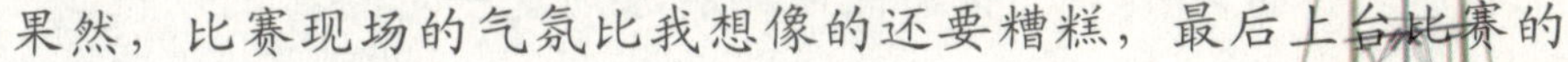

是我的父亲和那两个女孩。在台上一亮相，双方之间的差距便显现出来了。不管是评委还是观众，几乎所有人的目光都被那两个漂亮女孩吸引过去了。可父亲并不理会众人的情绪，只管埋头干活。

终于两家的作品都完成了，两个女孩的作品让在座的所有人都惊呼了起来。原来她们做的是电脑雕花西瓜盅，经过调色后冰镇制成的。

不出意料的，评委们对两个女孩的作品由衷赞叹。我几乎要劝父亲放弃比赛赶紧回家，免得在众人面前丢丑。就在这时，我听到了评委们对父亲作品的评价。评委们的意见是，父亲的作品虽然不如两个女孩的多姿多彩，但在口感和营养上要更胜一筹，因为父亲采用的是全手工制作，并且所选原料全是绿色食品原料。最后，评委宣布，今年的甜品大王还是父亲！

不仅我，现场所有的观众都被这一意外的结果惊呆了，30秒钟的寂静过后，全场爆发出了雷鸣般的掌声和欢呼声。这时，我看见一直在静静地倾听评委们点评的父亲，平静的脸上终于露出了欣慰的笑容。我被这巨大的荣誉鼓舞着，紧紧地拥抱着父亲说：“爸爸，我们赢了！”

父亲在我的耳边说：“乔恩，你听着，不管外表如何美丽，如果没有内涵，持久不了。我们做甜品的原则是一定要持之以恒。”

（文/佚名）

执着向前

父亲的甜品在外表上显然不能和那两个女孩的作品相媲美，但是甜品贵在营养价值。父亲坚信自己的东西是最棒的，而且评委也相信这一点，把冠军颁给了父亲。凡事不能只看外表的美丽就认定它是最好的，内在的美才是永远改变不了的美丽。

把普通做到极致

普通的矿泉水不仅可用于解渴，而且只要把它的功能发挥到极致，你会发现它还蕴藏着宝贵的财富。

森井是一个日本小零售商的儿子，大学毕业后一直没能找到合适的工作，只好回家帮助父亲打理生意，可因为种种原因，生意一直没有起色，他很着急。

有一天，小店里来了一个客人，要买含气矿泉水，森井想也不想，递过一瓶普通矿泉水。客人连连摇头，又扫一眼货架，说："算了，这样普通的小店怎么会有含气矿泉水呢？"

森井既惭愧又好奇，拦住客人请教才知道。原来，法国有一种矿泉水，因为水源位于火山爆发后的地层深处，所以含有天然的气泡。

法国商人先抽出水中的天然气泡；然后对水进行净化；最后，把储存的气泡打回处理过的水中。客人还告诉他，这种矿泉水日本的顶级商场才有出售，平时很难买到。

客人走了，森井却如醍醐灌顶一般呆立了许久。他终于找到了经营目标，那就是开一家专门卖水的小店。

他极快地行动起来，用了半年的时间去四处学习和采样。经过精心的准备，他的“水吧”开张了。

整个小店布置得如同一个盛水的器皿，卖的都是各种精心调制过的水和来自世界各地的高档矿泉水。这些水都各有用途：含矿物质多的水对身体有好处；含氧的水则适宜老人和孕妇……他甚至调制出了一种能量水，是特意选在月圆之夜从地底抽出并立即装瓶的矿泉水，据说具有最高的能量，是专门为练气功的人准备的。

对他的水吧，人们先是惊愕，继而好奇，并很快接受了这一新鲜的消费观念。大家都把到水吧喝水并买些特制的水回去当成了时尚，他的生意因此异常红火。

寡淡无味的清水，在旁人看来，除了解渴外再普通不过了。但他却敏锐地发现了蕴藏在水里的机会，并将其开发出来，成为了自己人生的新起点。

（文/佚名）

执着向前

每一个人都崇尚灵感，孜孜不倦地追求着灵感，认为灵感如突然一现的火花，可遇而不可求。其实，当你执着于某事时，也许一件小事就能成为你成功的一个契机。这个时候，你会发现，灵感这束火花实际是由你自己划亮。

跟踪卷毛狗的人

他跟踪卷毛狗并不是对狗感兴趣，而是要做出伟大的成就。

1889年夏天，在德国斯特拉堡的大街上，一条卷毛狗在路边的人行道上溜达。每到一棵树下，那条狗便把后腿抬起，在树根上撒泡尿，狗一离开，不知从哪飞来一群苍蝇，围着尿飞来飞去。

这情景，被一个过路的大胡子医生偶然发现了，他走过去，在离树几步远的地方仔细地观察。看来看去，大胡子感到奇怪，苍蝇为什么对狗尿这么感兴趣呢？难道狗尿中有什么特别的成分不成？他很快对狗尿进行化验，分析结果表明，狗尿中有大量的糖分。

这个大胡子医生名叫冯梅林，是德国的大学教授，也是很有名气的内科医生，这几年，他一直和一个叫闵可夫斯基的病理学家在苦心研究胰腺在消化过程中的功能。狗尿引来苍蝇的怪事引起他极大的兴趣，他立刻想办法捉住了那条狗。一检查，发现那条狗的胰腺坏了，失去了应有的功能。

为了弄清问题，他又将另一条狗的胰腺切除，发现那条狗的尿同样会引来苍蝇，这说明这只失去胰腺的狗的尿中也含有大量糖分。

那时候的研究环境十分艰困，但是冯梅林从不放弃自己的课题。10年后，正当他还在潜心研究的时候，社会上出现了一种病，叫做糖尿病。

于是冯梅林想到摘除胰腺的狗撒的尿，糖尿病一定与胰腺有关。很快他做出一个大胆的设想，通过一段时间的研制，终于发现了“胰岛素”。

冯梅林以自己的努力攀上了当时的医学之巅，填补了医学上的一个空白，并荣获了诺贝尔奖。

（文/佚名）

执着向前

冯梅林的成功在于他一直坚持不懈的钻研和执着的追求。从一只卷毛狗开始，一直走到医学界的巅峰，这需要多少汗水和努力，我们可想而知。是他的执着精神一直伴随着他前行，不仅为世界创造了奇迹，也给自己带来的荣誉和财富。

没有人拒绝微笑

推销员的行为让我们很讨厌，但是他脸上的微笑我们谁也没有理由拒绝。

单位位于闹市区，上班时间经常有小商小贩乘门卫不注意，偷偷溜进办公大楼，推销商品。有时当我们专心致志地工作时突然有商贩敲门，有的甚至不敲门直接推门进来推销商品，打扰我的工作，让沉浸在材料中动脑筋的我头疼不已，十分反感。

有一天，一个小伙子敲门走进我们办公室，用格式化的语言礼貌地说道："对不起，打扰一下，我是某某某公司的驻地代表，请问你们是否需要电脑清洁纸巾？如果需要，我们可以给你们优惠。"

见多了形形色色上门推销的商贩，专心工作的我们对此并不感冒。一位同事说："你好，我们不需要你的产品，不要扰乱我们的工作秩序，上班时间不容许推销商品，请你离开好吗？"深受其扰的我们一脸不悦，给他冷冰冰的脸色。

他并没有沮丧，带着微笑温和地说："不买也可以啊，容许我给你试一下产品好吗？"还没等我们同意，他很快拿出一包纸巾擦拭我们电脑有污垢的部位，动作十分投入、认真娴熟，但埋头工作的我们并没有买他的账。见状后他还是礼貌地说了声："对不起，打扰了，再见！"

片刻，他又来了，他说："你们领导说了，需要这种产品，请你考虑考虑好吗？"一个同事开玩笑地说："领导需要就让领导买去，我们不需要，请你还是走吧！”同事的话没有一点商量的余地。可是他并没有因为我们的冷漠而放弃可能赢得的希望，努力详细地介绍他所推销的产品的性能和好处。最终，忙于工作的我们谁也没有理睬他，在我们看来，他很自讨没趣。他使出浑身解数推销。但是，无论他怎么游说，我们没有一个人动心。最后，他还是微笑着离开了。

第二天早上一上班，他又来了。还是一样的诚恳、一样的期待，我们一样的冷漠、一样的脸色，很坚决地拒绝了，并明确告诉他：如果再来打扰我们工作，我们就不客气了。让我纳闷的是，不论我们对他有多么讨厌、冷漠、拒绝，他脸上始终洋溢着笑容，没有一点不悦的表情，微笑着进来，微笑着离开。我在想，如果我遇到这样的情况，肯定早已放弃了。

第三天他还是来了，但得到的还是同样的遭遇。我们以为吃了几次闭门羹的他会放弃，第四天不会再来了。没想到的是，第四天他又出现在办公楼内。考虑到单位电脑较多，我们答应买他300多元的产品，前提是他必须拿出正规有效的发票，否则不予购买。他的发票是上海市的，尽管有水印，可财务人员不在，我们不能确定发票真伪。

最终我们明确告诉他不要了，请他到别处去推销。他眼里闪出一丝希望的光芒，连声说谢谢，微笑着告退。

第五天他仍然来了，出乎意料的是，他不但带了价值300元的产品，还带了税务部门的发票鉴定证明！我们有点被他感动了，于是买下了他的产品。他临走时，我一改往日的冷淡热情地问：“我真的服了你，难道你就没想到过放弃？”他一脸阳光，给我一句掷地有声的话：“没有一块冰不被阳光融化！没有人拒绝微笑，就这么简单。谢谢，我走了。”

我愣住了，想想也是，我们给他太多冷漠冰霜，但是最终还是被他的微笑融化了。

没有人拒绝微笑，且这种执着的微笑，往往是通向成功的道路。

（文/石文）

执着向前

推销员五次上门，四次遭遇我们的冷眼，但是他却以自己的微笑战胜了我们的冰冷。最后凭借自己的微笑和执着的精神战胜了我们的冷漠，赢得了最后的成功。

或许在我们看来，一次失败或许你会去尝试第二次，但是有几个人会四次面对失败还没有丧失信心呢？执着可以打动别人，也是对自己的负责。

心理魔方

丢三落四透视你的性格

和朋友出去郊游，走在半路上你发现落下了一样东西：

A. 零食　　B. 牙刷

C. 雨伞

测试结果：

选A：缺乏忍耐性，凡事喜欢以自己为中心。

选B：你很讨厌适应新环境，做事谨慎。

选C：你喜欢关心别人，因此有很多好朋友。

焦耳求知

当第九十九次失败后，你还有尝试第一百次的勇气吗？

英国著名科学家焦耳从小就很喜爱物理学，他常常自己动手做一些关于电、热之类的实验。

有一年放假，焦耳和哥哥一起到郊外旅游。聪明好学的焦耳就是在玩耍的时候，也没有忘记做他的物理实验。

他找了一匹瘸腿的马，由他哥哥牵着，自己悄悄躲在后面，用伏达电池将电流通到马身上，想试一试动物在受到电流刺激后的反应。结果，他想看到的反应出现了，马收到电击后狂跳起来，差一点把哥哥踢伤。

尽管已经出现了危险，但这丝毫没有影响到爱做实验的小焦耳的情绪。他和哥哥又划着船来到群山环绕的湖上，焦耳想在这里试一试回声有多大。他们在火枪里塞满了火药，然后扣动扳机。谁知“砰”的一声，从枪口里喷出一条长长的火苗，烧光了焦耳的眉毛，还险些把哥哥吓得掉进湖里。

这时，天空浓云密布，电闪雷鸣，刚想上岸躲雨的焦耳发现，每次闪电过后好一会儿才能听见轰隆的雷声，这是怎么回事？

焦耳顾不得躲雨，拉着哥哥爬上一个山头，用怀表认真记录下去每次闪电到雷鸣之间相隔的时间。

开学后焦耳几乎是迫不及待地把自己做的实验都告诉了老师，并向老师请教。

老师望着勤学好问的焦耳笑了，耐心地为他讲解：“光和声的传播速度是不一样的，光速快而声速慢，所以人们总是先看见闪电再听到雷声，而实际上闪电雷鸣是同时发生的。”

焦耳听了恍然大悟。从此，他对学习科学知识更加入迷。通过不断地学习和认真地观察计算，他终于发现了热功当量和能量守恒定律，成为一名出色的科学家。

（文/佚名）

执着向前

发芽的种子，能把坚硬的头骨盖完美的分开；小小的蚂蚁能搬动大他十倍的蚯蚓。一个是因为对阳光的执着，一个是因为对食物执着。很多看似不可能的事因为坚持也就变为可能的了。

我知道我在画什么

执着，让梦想盛开在田野。

1963年的春天，日本福冈县立初中的一间教室里，美术老师正在组织一场绘画比赛。同学们都在认真地按照要求画着画，只有一个瘦高个子的小家伙缩在教室的最后一排。他实在不喜欢老师定的命题，于是便信手涂鸦起来。

到了上交作品的时间了，老师看着一张张作品，不住地点头称是。他深为自己的教育成果感到满意，作品里已经有了学生们自己的领悟，可以说，是对日本传统画作的继承和发展。

但唯有一张画让他大跌眼镜，作者是个叫臼井仪人的家伙。老师的目光从画作上移到了最后一排，接着看见这个默默无为、有些另类却又有些特立独行的家伙在冲着他笑。

他大声怒斥起来："臼井仪人，你知道你画的是什么吗？简直是在糟蹋艺术。"

小家伙闻听此言，吓得将脑袋垂了下来。老师接下来让大家轮流传看臼井的作品，他用红笔在作品的后面打了无数个"叉叉"，意思是说这部作品坏到了极点。

他画的是一幅漫画，一个小家伙，正站在地平线上撒尿，如此的不合时宜，如此的不伦不类。

这个叫臼井的家伙一夜出了坏名，学生们都知道了关于他的"光荣事迹"。

这一度打消了他继续画画的积极性，他天生不喜欢那些中规中矩的传统作品。他喜欢信手胡来、一气呵成，让人看了有些不解，却又无法对他横加指责。

在老师的管制下，他开始沿着正统的道路发展，但他在这方面的悟性实在太差了。期末考试时，他美术考了个倒数第一名，老师认为他拖了自己班的后腿，命令他的家长带着他离开学校。

他辍了学，连最起码的受教育的权利也被剥夺了，于是，他开始了流浪生涯。不喜欢被束缚的他整日里与苍山为伍，与地平线为伴，信手拈来，想画就画。

1985年的春天，《漫画ACTION》杂志上发表了《不良百货商场》的漫画作品。里面的小人物不拘一格，让人忍俊不禁，看来爱不释手。作品一上市，居然引起了强烈的反响，受到长久束缚的日本人在生活方式上得到了一次新的启发，他们喜欢这样的作品。

又一年，一部叫《蜡笔小新》的漫画风靡开来。漫画中的小新生性顽皮，做了许多孩子愿意却不敢做的事情，典型的无厘头却得到了意想不到的结果。被拍成动画片后，更是让大多人都记住了小新，以至于不得不加拍了连载。

臼井仪人的成功是因为他知道什么是适合自己的。他可以几十年执着的画着他的“小男孩”，最终“小男孩”也为他带来了巨大的成功。

（文/佚名）

执着向前

执着不是固守，别人说的也不一定全都正确，选择一条适合自己的路，并为之坚持下去，相信你会在快乐中体会成功的。

卡车梦

就算只是一个不大的梦想，一样需要执着去守护。

央视著名主持人崔永元，在一次与观众互动交流中，说了这样一个故事。他说，一次，他在美国录制节目，在马路上，他看到一辆大卡车停在路边。他发现，这辆卡车很大、很漂亮、很气派，车上装着满满的货物。但这辆卡车很干净，干净得很养人眼，车上还挂着许多小装饰，可以看出主人对这辆卡车十分爱惜。

崔永元走了上去，想和这辆卡车司机聊聊。卡车司机大约40多岁的样子，身体很壮，戴着一顶棒球帽，穿着西装，系着领带，胡子刮得很干净。他的这一身行头，如果不说，你无法想到他是一名重型卡车司机。

崔永元进了这辆大卡车里面，一下子露出惊讶的神色。只见这辆卡车里面就像是一个卧室，驾驶室后面有一个书桌，书桌上有一台笔记本电脑和几本书。车壁上有书柜和液晶电视，这里还有电冰箱、沙发。更不可思议的是，里面还有卫生间和洗澡间。

崔永元羡慕地问他，没想到，你这辆卡车这么漂亮，简直就像是一个流动的家。

卡车司机说："您说得很对，它就是我流动的家，我人到哪，我的家就跟着我到哪。开着这辆大卡车，我已经快走遍全美洲了。"卡车司机露出一脸兴奋和自豪的神色。

情不自禁的，崔永元也被这位卡车司机的热情和开朗的性格所

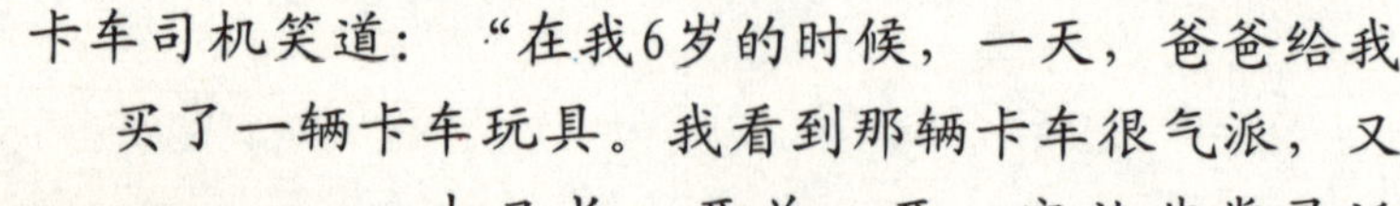

感染，他问道：你是什么时候开始萌发了要开卡车的理想的？

卡车司机笑道："在我6岁的时候，一天，爸爸给我买了一辆卡车玩具。我看到那辆卡车很气派，又大又长，开关一开，它就非常灵活地在地上跑了起来，还会爬坡、拐弯。我兴奋地将这辆玩具卡车紧紧地抱在怀里，对爸爸说，我长大了，也要开卡车，我要开着卡车跑遍全国许多地方。

"爸爸看我这么有志气、有理想，就给我买了许多各种各样的玩具大卡车。这些玩具卡车，我会自己拆卸，自己安装。亲朋好友、左邻右舍，还有学校的老师们，听说我将来想开大卡车的理想后，都纷纷夸奖我，说我人小志气高。还要同学和他们家的孩子向我学习。中学毕业后，我报考了汽车职业学校，父母都非常支持我，尊重我的选择。在职业学校里，我系统地学习了汽车的制造、修理、驾驶等技术，毕业后，我顺利地进了一家汽车运输公司，我终于开上了梦寐以求的大卡车。"

说起开卡车的经历，这位卡车司机仿佛沉浸在一种巨大的幸福和喜悦之中。

（文/佚名）

执着向前

从六岁到四十岁，卡车司机的卡车梦一直延续了30多年。也许在别人看来，他的梦想是如此的微不足道，但谁在乎这些呢？幸福是自己的。

不说大话

仔细的审问一下自己有没有空说大话的时候，你可能跟别人说自己以后要成为勇敢的航天英雄，也可能说自己以后要变成伟大的发明家。那么从现在起就要记住，我们不再是小孩子了，学着用事实来说话，这样更有说服力。

请父母根据孩子平时的表现为孩子打打分。

经常3分　　偶尔2分　　从来没有过1分

1. 希望自己很有成就	3分○	2分○	1分○
2. 做梦都梦到自己是有钱人	3分○	2分○	1分○
3. 认为医生这个岗位很高尚	3分○	2分○	1分○
4. 老师批评后，想象自己以后成为老师的样子	3分○	2分○	1分○
5. 经常觉得自己力大无穷	3分○	2分○	1分○

父母签字：＿＿＿＿＿＿

图书在版编目（CIP）数据

梦想·执着 / 孟凡丽，袁毅编著. -- 武汉 : 武汉大学出版社，2012.3
（中国学生综合素质教育必读书 : 彩图版）
ISBN 978-7-307-09608-0

Ⅰ. ①梦… Ⅱ. ①孟… ②袁… Ⅲ. ①素质教育－中小学－课外读物 Ⅳ. ①G631

中国版本图书馆CIP数据核字(2012)第035639号

中国学生综合素质教育必读书　梦想·执着

策　　划　孟凡丽
主　　编　袁　毅
文字编辑　成　静
美术编辑　王颖会
责任编辑　武　彪
责任印制　人　弋
出　　版　武汉大学出版社
发　　行　武汉大学出版社北京图书策划中心发行

经　　销　全国新华书店
印　　刷　北京海德伟业印务有限公司
开　　本　16开
印　　张　9
字　　数　55千字
版　　次　2012年3月第1版
印　　次　2012年3月第1次印刷
书　　号　ISBN 978-7-307-09608-0
定　　价　26.80元

本书中个别文章未与作者取得联系，在此表示由衷的歉意，请作者见到此声明后尽快与本书编者联系并领取稿酬。联系电话：010-82028225-603